远征途中

邵世坤　著

北京理工大学出版社
BEIJING INSTITUTE OF TECHNOLOGY PRESS

内 容 提 要

本书以空间为经线，以时间为纬线，井然有序地讲述了国测一大队老兵——邵世坤的职业生涯，用一个个真实的故事和一项项辉煌的业绩生动地诠释了"热爱祖国、忠诚事业、艰苦奋斗、无私奉献"的测绘精神，强劲地弘扬了主旋律，传达了正能量，于无声处，春风化雨般催人艰苦奋斗、昂扬上进。全书感情朴素、真切，文笔于晓畅处见华彩，堪称实录与文学的珠联璧合，爱恨情仇渗透于字里行间，由涓涓细流到滚滚江河，一路奔涌，与大地测量员行万里路所遇的大好河山及其种种生死历险交织在一起，似一部电视连续剧，有声有色，环环相扣，跌宕起伏，引人入胜，具有扑面而来的寓教于乐的丰厚价值，尤益于广大青少年亲切阅读。

图书在版编目（CIP）数据

远征途中／邵世坤著 . —北京：北京理工大学出版社，2017.8
ISBN 978-7-5682-4426-8

Ⅰ.①远… Ⅱ.①邵… Ⅲ.①邵世坤-先进事迹 Ⅳ.①K825.2

中国版本图书馆 CIP 数据核字（2017）第 179583 号

出版发行／北京理工大学出版社有限责任公司
社　　址／北京市海淀区中关村南大街 5 号
邮　　编／100081
电　　话／（010）68914775（总编室）
　　　　　（010）82562903（教材售后服务热线）
　　　　　（010）68948351（其他图书服务热线）
网　　址／http：//www. bitpress. com. cn
经　　销／全国各地新华书店
印　　刷／保定市中画美凯印刷有限公司
开　　本／710 毫米×1000 毫米　1/16
印　　张／22　　　　　　　　　　　　　　　责任编辑／徐春英
字　　数／165 千字　　　　　　　　　　　　文案编辑／徐春英
版　　次／2017 年 8 月第 1 版　2017 年 8 月第 1 次印刷　责任校对／周瑞红
定　　价／45.00 元　　　　　　　　　　　　责任印制／李志强

图书出现印装质量问题，请拨打售后服务热线，本社负责调换

献给光荣的国测一大队

延安精神代代传（序1）

　　昔日，作为邵世坤的领导，我没少给他带领的观测组布置任务。虽然每次任务都知道同志们完成得不容易，但究竟是怎样的艰辛，总还有些不了解的地方。近日，翻阅了《远征途中》书稿，细读了邵世坤观测组当年为完成由我根据工作计划"下铁命令"（书中语）而历经艰险、吃尽苦头的篇章，不禁感慨良多，深愧自己当年没有分身术去跟着邵世坤观测组一同完成任务。

　　总的来说，邵世坤是个用毛泽东思想武装起来的战士，是个敢说敢做，又肯动脑筋琢磨到底，常常把任务执行得很好的一个人。但细细说来，究其原委，邵世坤的个性和家世决定了他是一块好料，这块好料经过人民解放军熔炉的冶炼，变成了一块好钢。邵世坤是从中国人民解放军测绘学院毕业经由苏联红军组成的"苏测队"的系统严格培训才走上军测岗位的。军人的印记由此深深地烙在了他的职业生涯上。邵世坤出生在穷苦人家，在万恶的旧社会，穷人家的孩子更爱共产党，更盼着解放。正因为如此，他自走上工作岗位的第一天，就把报效祖国、报效党视为自己的生命，甚至把党和国家看得比自己的生命还重要！他在日后极其艰险的观测第一线所表现出的视死如归的精神和气魄概由此出，正如他在生死存亡间所迸发出的坚毅果决皆由其军人品质铸造一般。他的大智大勇与细致周到则来自他不辞艰辛的实践，来自他自己所说的一次次的笨鸟先飞。在上述所有优点中，"把党和国家看得比自己的生命还重要"是纲，纲举目张。

强将手下无弱兵，邵世坤所带领的观测组在 20 世纪50 年代中后期至 60 年代末，奋战在西部雪山大漠，啃的几乎都是测量硬骨头，可谓苦不堪言、功不可没。1960 年春末夏初，邵世坤观测组担负青藏线咽喉五道梁造标任务，环境极其恶劣，工作条件也不好，雪花飘飘，寒风嗖嗖，他带领全组人马战天斗地，时不时齐心喊一嗓子："任务能完成！"每一个人都像与日寇决战的八路军。1975年，他重返观测员岗位，在举世瞩目的珠峰测量中，再现敢打敢冲、无坚不摧的精神。在此后的10年里，他无论是在国测一大队第五中队副中队长岗位上，还是在该中队中队长岗位上，始终都摸爬滚打、言传身教在观测第一线，与战友同生死共患难。他的军人作风和"把党和国家看得比自己的生命还重要"的思想品质就这样伴随着他那豁亮的个性传递给了老战友和新同事。

邵世坤书写的绝不仅仅是他个人的往事，他书写的是共和国第一代，甚至第二代测绘人的风采。

我是个少小就从军没念过几天书的人，打过日本鬼子，参加过解放战争，新中国成立后，连人带枪成为军测中的一员，后因上了年纪，爬不动山了，到陕西省测绘局做内业工作。离休后，特别羡慕系着红领巾上学去的儿童。闲来无事，也翻翻文豪的书。厚书长文章看不进去，薄书短文章片片段段地也读了一些。茅盾有篇叫《风景谈》的散文，结尾给我印象很深：

　　五月的北国。清晨，窗纸微微透白，万籁俱静，嘹亮的喇叭声，破空而来。我忽然想起了白天在一本贴照簿上所见的第一张，银白色的背景前一个淡黑的侧影，一个号兵举起了喇叭在吹，严肃、坚决、勇敢和高度的警觉，都表现在小号兵挺直的胸膛和高高的眉棱上边。我赞美这摄影家的艺术，我回味着，我从当前的喇叭声中也听出了严肃、坚决、勇敢和高度的警觉来，于是我披衣出去，打算看一看。空气非常清冽，朝霞笼住了左面的山，我看见山峰上的小号兵了。霞光射住他，只觉得他的额角异常发亮，然而，使我惊叹叫出声来的，是离他不远有一位荷枪的战士，面向着东方，严肃地站在那里，犹如雕像一般。晨风吹着喇叭的红绸子，只这是动的，战士枪尖的刺刀闪着寒光，在粉红的霞色中，只这是刚性的。我看得呆了，我仿佛看见了民族的精神化身而为他们两个。

　　如果你也当它是"风景"，那便是真的风景，是伟大中之最伟大者！

　　今天的"红领巾"泡在蜜罐里学文化，幸福是幸福，但我隐隐担心一代一代"蜜"下去，日后他们中间出不了邵世坤似的人物和类似邵世坤观测组这样的无坚不摧的集体。正因为如此，我希望，今天的"红领巾"能从当年的小号兵、小战士身上学些刚强，能从邵世坤等老一辈测绘人身上学些刚强，个个都成为心怀祖国的招之能来、来之能战、战之能胜的战士，为实现"两个一百年"的宏伟目标而奋斗。

最后，请允许我这个老八路面窗而立，向战友邵世坤老弟，向仿佛还行走在祖国万水千山中的邵世坤观测组，向包括少先队员在内的《远征途中》的读者，向邵世坤精神力量的来源地——巍巍宝塔山，行个军礼。

原国家测绘总局第七大地测量队队长

原国家测绘总局陕西省测绘局生产计划处处长

赵桂孝

2016 年 12 月

弘扬测绘精神（序2）

　　1991年，国务院给予国测一大队通令嘉奖，授予其"功绩卓著、无私奉献的英雄测绘大队"荣誉称号。时任中共中央总书记的江泽民同志为国测一大队题词"爱祖国、爱事业、艰苦奋斗、无私奉献"，激励全国测绘人继承发扬测绘精神。

　　邵世坤同志就是这个英雄集体的一员。

　　邵世坤同志是我的老前辈，在他的职业生涯末期，我们有着一起工作和生活的经历。当他提出请我为他写的《远征途中》作序要求的那一刻，我心中忐忑不安，因为自己并不擅长文字工作，怕写得效果不好，影响本书的整体质量。可是，当我读完了书稿后，一个个鲜活的人物、一桩桩难忘的往事、一幅幅生动的场面，真实感人，活灵活现，历历在目，就像是昨天发生在自己身边一样，既熟悉又亲切，使我心中久久不能平静，于是我欣然从命。

新中国成立初期，国家贫困落后、百废待兴，新中国第一代测绘人在物质条件和生活条件极其艰苦的情况下，怀揣着对党、对祖国、对人民的无限忠诚，以高度的思想政治觉悟，投入轰轰烈烈的新中国建设事业中。邵世坤同志作为第一代测绘人，抱着建设强大祖国的朴素情感，发扬了革命军人的顽强作风，在祖国辽阔的大地上爬冰卧雪，风餐露宿，克服了一个又一个艰难险阻，为祖国的大地测量事业奋战了数十载。

正是以邵世坤同志为代表的第一代测绘人，用他们一不怕苦、二不怕死，艰苦奋斗、甘于奉献的精神，认真负责、严谨细致的工作作风，用他们的模范行动，潜移默化地影响、感染、激励着一代代测绘人，使测绘事业薪火相传，使国测一大队一直高扬着"爱祖国、爱事业、艰苦奋斗、无私奉献"的测绘精神。2015 年 7 月 1 日，习近平总书记给国测一大队邵世坤等 6 位老队员老党员回信，充分肯定了国测一大队及测绘战线一代代测绘队员不畏艰苦、不怕牺牲、勇攀高峰的感人事迹和突出贡献，同时对全国广大党员提出了殷切希望。为此，国家测绘地理信息局专门组织了国测一大队先进事迹报告团，在以陕西为重点的全国多地进行先进事迹报告活动，弘扬正能量。邵世坤同志与郁期青同志就是该报告团核心成员。

邵世坤等同志的事迹报告不仅受到了那个年代人们的好评，也受到了年轻人特别是大学生的欢迎。于是，邵世

2015 年 11 月 23 日，邵世坤随国测一大队先进事迹
报告团演讲，大学生争相请邵世坤签名

坤同志就萌生了多写些往事的念头，想以更多的亲身经历感召后人发扬优良传统，为实现民族复兴的"中国梦"贡献力量。还好，邵世坤退休前一直保持着记日记的好习惯，他说干就干，克服了年事已高、耳背眼花的困难，以顽强的毅力，历经一年的资料收集整理，在白阳的协助下，完成了这部书稿。可敬可佩！

邵世坤同志的回忆文章，生动地描述了他和他的战友在艰苦恶劣的环境中的经历，有泪，有险，有难，也有苦中作乐，处处饱含真情实感。篇篇文章都展示了主人公邵世坤积极向上、乐观豁达的精神面貌，充分反映出一名老测绘队员对事业和生活的态度，也体现了他从小就立志为国家富强做贡献的坚定决心，用书中的一首打油诗"若问苦不苦，想想长征两万五；想到长征两万五，再苦也不苦"来概括，再好不过。

愿《远征途中》一书对读者特别是青年读者有所启迪。

原国家测绘地理信息局
第一大地测量队党委书记　　刘　键

2017 年 1 月

勿忘国耻　振兴中华（序3）

　　我是国测一大队普通老兵，人已解甲归田，心还随着光荣的队伍远征。

　　在日伪统治下，我的童年是悲惨的。我家在吉林省临江市吴家营村的北门口。村北有条窄轨小铁路，是小日本鬼子为砍伐、霸占长白山森林修建的。大约从1938年起，到1945年抗日战争结束，几乎每天自长白山森林发12列满载木料的小火车，12列车每天都跑两趟。每列六七节平板车皮，前几节车皮每节装十六七根5米~8米长的松木，根根直溜溜几乎一般粗；后 1 节车皮超长，拉两根 20 来米长的黄花松，黄花松并不太粗，直径也就七八十厘米吧，但笔直笔直的，真是天然的好东西。仅黄花松一天下来就是 $12×2×2＝48$（根）！小火车打我家门口路过，前往岗头村，然后用吊车下吊到鸭绿江边，编成木排，漂至安（丹）东，最终装船运往日本。算一算，日本鬼子掳走了咱们多少财富呀！不仅如此，每到冬季，小日本鬼子就要进山围剿抗日联军，冰天雪地里，鬼子兵一个个披着白色斗篷，就坐着拉木料的窄轨小火车打我们村前——吴家营北口进山。鬼子兵强迫大量劳工疯砍长白山原始森林，劳工吃的是猪狗食，干的是牛马活，死去就草草掩埋；他们还要进山杀害我们的卫国战士，太可恨！我爷爷当年路过家门口日本鬼子看守的铁路，端着"三八大盖"的小鬼子叫我爷爷站住，上来就恶狠狠抽了老人家两个耳光。我目睹了这一幕。我怎么能不成为一个铁杆爱国主义者?！国家贫弱，必然遭受洋人宰割。共产党就是好，共产党带领穷苦百姓收复失地，建立了新中国。

我表妹家在松江河镇，杨靖宇就义地点就在松江河镇附近。我曾专程前往杨靖宇就义的大树前，向那棵大树深深鞠躬。

1956 年 3 月 19 日，我在杭州西湖留影拍照，当时杭州人民广播电台的高音喇叭正在播放："我们一定要解放台湾，除蒋贼外，只要放下武器，一概过往不咎……"女播音员义愤填膺、言辞激烈、声调激越，深深震撼了我。之后，时年 21 岁身为中国人民解放军少尉的我，给国防部部长彭德怀写了一个攻打台湾的方案，我记得这个方案由六条建议组成，中心是师法草船借箭，将装有重炮和士兵的船连起来，伪装成民船，抵近台湾，然后万炮齐发，把守军打蒙，冲上岸，杀开一条血路，一举解放台湾。10 来天后，我收到了回信。回信否决了我的攻台方案，但否决得既有理，也很照顾我的情绪。洋洋洒洒两页纸，逐条说明了不同意的理由，中心是海浪不允许那么多船连在一起。信的结尾是凝练的勉励；落款处赫然盖着一枚红章印，是海军司令部下属的一个部门。我那时"神"得很，仿佛听到彭德怀元帅看完此信所作的口头批示："这小子看来是认真的，精神可嘉。转海军司令部好好回答！"此后，我想通了这样一个道理：每个人只要在自己的岗位上努力工作，其实也都是报效祖国；建设新中国的岗位千千万，只要每一个人都能在自己的岗位上出色发挥，新中国一定会早日富强。从此，我就一心一意干本职工作了。

邵世坤　1956 年 3 月 19 日摄于杭州

照片正面上端依稀写着年月日，背后注着"西湖平湖秋月"。

　　新中国来之不易，建设新中国更需努力。国家必须富
强，落后就要挨打，再受洋人的欺辱。数十年来，在工作
中，每每想到这一点，我就干劲倍增。

　　我一生主要从事大地测量工作。在工作中，我不怕艰
险困苦，不计较职务的高低，只要是对国家富强有利的

事，我都愿意去做。数十年来，我任劳任怨，努力工作，功劳虽小，但很尽力。2015 年，我执笔与国测一大队 5 位老队员老党员一同向党中央习总书记写信反映我们的退休新生活，表达对共产党、对祖国的祝福。使我们分外欣喜的是，在 7 月 1 日党的生日这一天，习总书记给我们回了信。回信对包括我们在内的国测一大队的付出，对全国一代代测绘人的付出，给予充分肯定，使全国测绘人深受鼓舞。习总书记说："全国广大共产党员要始终在党爱党、在党为党，心系人民、情系人民，忠诚一辈子，奉献一辈子，以自己的实际行动，团结带领亿万人民为实现'两个一百年'奋斗目标、实现中华民族伟大复兴的中国梦而共同奋斗。"我已进入耄耋之年，应当怎样以自己的实际行动，为实现"两个一百年"的中国梦做些贡献呢？就在我思索的过程中，国家测绘地理信息局组织了国测一大队先进事迹报告团，作为成员，我随团在全国多地尤其是三秦大地作报告，与团队同志一起弘扬测绘精神，宣传正能量。报告会场场都受到群众热烈欢迎，特别是当代大学生，他们的表现使我备受鼓舞，我深切感受到讲述测绘人艰苦奋斗的往事，确实能激励起广大群众建设祖国的热情；而对作报告的我而言，这就是以实际行动为实现"两

个一百年"的中国梦做贡献啊。在此期间，我还时常回想
国测一大队领导对我们这些"老测绘"的勉励，勉励我们
这些人多写点回忆录，反映昔日艰苦奋斗的精神，给后人
留下些东西，使国测一大队建设得更好。于是，我又拿起
了笔，决心把我在国测一大队先进事迹报告团中的演讲稿
予以延伸拓展，把国测一大队先进事迹报告团的光辉事业
进行到底，在落实"忠诚一辈子、奉献一辈子"的同时，
为实现"两个一百年"的中国梦做贡献。

邵世坤

2017 年 1 月

目　录

河南、江西、广东工作区

◇ 在向苏联老大哥学习的日子里（上）

◇ 在向苏联老大哥学习的日子里（下）

在向苏联老大哥学习的日子里（上）

刻 苦 学 习

1954 年 4 月，我从中国人民解放军测绘学院毕业，被分配到中国人民解放军总参谋部测绘局大地实习队当了一名见习员。组建大地实习队的主要目的，就是向援华的苏联红军总参谋部远东大地测量队（以下简称苏测队）学习。苏测队整体来到中国当教员，是我国和苏联政府签约的援华项目之一。该项目被列入我国第一个五年计划。苏测队由干部、后勤保障人员，以及从事野外生产的天文、三角、基线、水准、重力和内业平差计算等各方面专家组成。

苏测队是不穿军装的军队，军官多，也有"骚达子"（士兵），其中部分人参加过第二次世界大战，一直打到柏林，是一支专业素质强、技术高超、能吃苦、军纪严明的队伍。

我被分配到郑州区队，学习一等三角测量野外观测业务。老大哥也真有老大哥的样子，毫无保留地教我们这些小弟弟。

苏测队队长、参谋长都是上校军衔，区队长为中校，观测员多为上尉，也有少校，但其中的天文观测员、一等基线网观测员则统统是少校。老大哥虽然穿的是便衣（军衔是我日后一一问出来的），但军人气质很浓，等级制度严明，上校讲的话，中校必须执行，一级压一级。我观察到士兵害怕军官，不敢向上司开玩笑，似乎没有我们"官兵一致"的传统。

大地实习队（简称实习队）迁站搬家总是浩浩荡荡，人工运输队伍足有 1 公里①长。其中有两个绿色箱子，木

---

① 1 公里＝1 千米。

板厚 12 毫米，长 1 米、宽 0.5 米、高 0.4 米，如此之大，里面装的尽是专家们的鞋、衣服和生活用品，死沉死沉的，一个人背不动，只能两个人抬。山路崎岖，举步维艰，苦不堪言，但是民兵每次都能克服种种困难把这"两个家伙"抬到目的地。如此笨重的行李，在我方的行军行列中是不允许出现的。

周总理指示，要确保援华苏联专家的安全。实习队分内线外线两套人马。在内线（内部），大队设保卫助理员，区队也设保卫助理员，到小组为行政小组长负责，每个小组从军区借来一个班的兵力，24 小时为专家站岗警戒。外线就是我们迁站搬家的路线。预先通知地方有关人员，实习队迁站的目的地、到达的时间以及经过的地点等。地方的公安或官员知道后，就通知民兵把片区的地、富、反、坏分子或被认为有可能作案的嫌疑人监控起来，等实习队过去一段时间，才撤销监控。不知是社会治安整体状况好，还是这种方法有效，直至苏联专家撤走，从未发生过安全事故。

实习队的区队部设在郑州市大同路八一礼堂院内。观测员是切尔钦克，上尉军衔，细高个，爱开玩笑；助手（记簿员）伊万诺夫是中尉，高 1.6 米，非常粗壮，铁蛋似的，特别喜欢开玩笑；翻译温学龄；见习员是我和茹仲三；还有行政组长老王、面包师炊事员小王以及投影员、司光员等10多人。作业地点在郑州至商丘一带。

实习队队员主要向老大哥学习1943年苏联出版的《一、二、三、四等三角测量细则》（以下简称《细则》），练习书写规范的阿拉伯数字、野外观摩和操作TT2/6仪器的观测方法；我与茹仲三在野外自选目标，用OT—02仪器，练习二等三角的观测方法。学员不懂什么就问专家什么，专家都会很认真地教授。

苏联专家少校级月薪一般都2 000多元，这在当年可是天文数字，我听说这月薪是我国国家领导人的四五倍！拿如此高的薪金，每位专家住省交际处（当年没有宾馆，省交际处就是省会最高级宾馆）或县委招待所，还须我方掏腰包。他们外出期间只付伙食费，吃得再好，每月也不会超过200元；不外业期间的吃住，当然是我方全包了。所谓无私援助，实际是有偿服务。我心想，我们国家领导人为几亿人民日夜操劳，生活却相当简朴，是老百姓的福星，你们苏联专家凭啥呀？不就是靠一技之长吗？如此一对比，我心里十分心疼，又颇为不平，同时决心刻苦学习，尽快学习好技术，不辜负国家付出的高昂代价，不辜负党和人民对学员的殷切期望，从而让外援专家放心离开，走得越早越好。换个角度说，请苏联老大哥尽快回国与家人团聚，也是小弟的一片诚心呀。

要想学好技术，首先得学会俄语，攻克语言关。虽然有翻译且朝夕相处，但交流起来还是很困难。看来非下苦功不可。我的记忆力比别人差，小时候学习陶渊明的《桃花源记》，约600字，有的同学一个小时就背下来了，可是我花费了两个小时也背不下来，老师马上要打板子了，才磕磕绊绊背下来。初中念了半年就参军了。就这么个底子，我学习起洋文来要多笨有多笨。笨，咱就笨鸟先飞。天天早早起来，学俄语字母，记住几个单词。在此基础上，求教温翻译，睡觉前背单词，起床前背单词，走路想单词，上厕所记单词。我记得自己不到半年，就能说俄文基本生活用语和测绘常用语了，甚至在没有翻译的情况下，还能和苏联专家简单交流思想。我一下来了劲，与温学龄商量，硬是挤进了温翻译与两位专家住的帐篷里。四人同睡，三人都是老师，我的俄语水平日日长进。晚上没事聊天，切尔钦克说："你们中国姑娘就是好，温柔可爱。"我说："你们俄罗斯姑娘长得才美丽动人呀，金发随风飘荡，一双大大的蓝色眼睛，勾得人神魂颠倒。"伊万诺夫睁大眼睛反问："真的?"我说:"在老师面前哪敢撒谎?"于是,四人同时大笑起来。聊天,使我的会话水平提高得更快。

有一天,参谋长下来检查工作,切尔钦克和伊万诺夫夸我如何如何聪明,如何如何努力学习业务、学习俄语,进步很快,当个记簿员根本没有问题,把我夸得快上天了。参谋长劲头也来了,就对伊万诺夫讲,下午切尔钦克观测时,就叫邵记簿去,你就在家里休息吧。

下午观测开始了,参谋长坐在一边看着我记簿。切尔钦克观测时,故意把读数拉长,度、分、秒则几乎一连串喊出来。这一长串的发音,没有点硬功夫真是记不下来呀!一个单角两个观测方向,要读44个读数。一开始我挺紧张,脑门直冒汗。参谋长看出来了,就用"你放松一点,不要紧张嘛"之类的话安慰我这个见习员。参谋长和蔼可亲的态度令我感动,情绪随之稳定下来。情绪稳定下来,效率也就上去了。切尔钦克读完44个数,我就计算出来了。我边记,参谋长边看,边连连赞扬鼓劲:"赫老勺(好的意思),赫老勺,奥勤赫老勺(很好的意思)。"

一个下午测了30多个测回。

回到驻地,参谋长让伊万诺夫检查我的作业。计算错误仅两处。参谋长非常惊讶。的确，一般见习员是达不到这个水平的。参谋长就对切尔钦克和伊万诺夫说："同志·邵是很有培养前途的。"我借机对参谋长说："我可否给你提点意见呢?"参谋长说："你说，你说。"我就把那两个绿箱子的事提出来了，并开玩笑地说："你们的卢布突噜突噜得多，买个牛皮箱子才花人民币 40 元，多方便呀。"参谋长当即表示明年一定改进。结果第二年，就都换成牛皮箱了，双方都高兴。

算 盘 大 赛

冬季收测后，须对所测成果进行验收和概算。我和老大哥坐在一起计算。伊万诺夫为人正直、倔强、善开玩笑；我也是个直脾气，犟，不是省油的灯，净给他出难题。伊万诺夫爱拿我开涮，我更爱出伊万诺夫的洋相。于是抬杠就成了我俩的家常便饭。有一天，我对伊万诺夫说："你们俄罗斯的算盘又蠢又笨，我们中国的算盘又灵巧又好用。"我知道他的民族自尊心很强，肯定不服气。果然，伊万诺夫说："那咱俩比试比试，看谁计算得快。"我就等着他这句话呢。于是先比赛加减法，让翻译温学龄当裁判，开始念数，结果，只一个回合，伊万诺夫就败下阵了。伊万诺夫压根不服输，满脑子只想扳回一局。他说：

"你们有算盘，我们有手摇计算机呢。你敢和我比试吗？"

"可以！那就比两位的乘除法吧。"

珠算我还有两下子，这次自视代表国家队出场，更来劲了！

"五一倍作二！"

"六三添作五！"

"七一下加三！"

"八四添作五！"

"九一下加一！"

……

祖宗的神器，被我发挥到了极致。比赛的结果不差上下，有时伊万诺夫提前三五秒钟出结果，有时我提前三五秒钟出结果。这一次伊万诺夫不吭声了，但内心还是不服输，他想不明白，苏联的手摇计算机为什么算不赢中国的算盘。我就火上浇油，拿老祖宗留下来的好东西逗对方几句，伊万诺夫立刻脸红脖子粗，气得直翻白眼儿，干看着我手中哗哗直响的挺神气的中国好东西，之后不再理我，一个人默坐生闷气，但不出几小时，就又和我开起玩笑来。

俄罗斯的算盘像个古筝，中间是鼓起来的。每一档10粒算盘珠，也是十进位，每粒珠子的直径约25毫米，至少厚15毫米，它能不笨嘛！

在整个收测成果验收过程中，我都与伊万诺夫坐在一起对算。验收对算是在大场面进行的，伊万诺夫就向其他专家悄悄介绍我，说这小子牛。苏联老大哥都对我的算盘演算感到神奇，时不时就围观且交头接耳：这小子是怎么计算出来的？怎么比我们的计算机还准确？我心里想，我国在不久的将来，一定会制造出更好的计算机，你们等着瞧吧！

麦 田 风 波

在河南省平原作业，由于涉及三角锁图形强度的问题，我们不得不把钢标造在麦田里。钢标离乡村小道还有30多米，通往钢标的"路"没有买。按《细则》的规定，钢标的周围都得挖护沟，护沟内的土地实习队买下来了，不准农民种麦子。但惜土如金的农民还是偷偷种上了麦子。由于小孩经常到标上玩，已走出一条毛毛小道。警卫班长小姚考虑专家走路不方便，就组织战士在小道的基础上，把已开始灌浆的小麦割出一条一米多宽的路，随后，把护沟内麦子也"清场"了。切尔钦克上尉来钢标工作，问温学龄是谁割的。温翻译如实相告。

钢标

上尉当下拉下脸，把小姚叫来，在翻译的帮助下，问道：

"你知道不知道你犯了群众纪律?"

小姚听清了翻译的话后，一脸愕然。

"你把麦子割了这么一大片，你吃什么？老百姓吃什么？看样子，你不是人民子弟兵。"

小姚脑门冒汗了，说："我错了。"

"说你错了有什么用？你把麦子都割倒了，也接不上去了。照价赔偿吧。"

下来后，小姚给老乡赔钱。老乡说什么也不要。小姚说，你不收下，我们就违犯"八项注意"了。这时，老乡才勉强收下 2 元人民币。

这件事对全组震动很大。原来苏联红军也讲究"三大纪律·八项注意"呢。从此，队员们走路特别小心，一棵庄稼也不敢毁坏了。

商 丘 刘 庄

35 米高的钢标坐落在老百姓的场院里。有一天，切尔钦克对我说："同志·邵，你今天给伊万诺夫记簿，把天顶距测下来。"到了中午，伊万诺夫趁我不备，偷偷地爬上标，大喊大叫地读起数来。我一听见读数声，赶紧背上记簿包，不要命地上气不接下气地噌噌噌爬上去了。一看，连仪器都还没有架呢。伊万诺夫则坐在楼板上哈哈大笑⋯⋯原来，切尔钦克上午对我说的话，叫这坏小子偷听了，伊万诺夫就开我的玩笑、出我的洋相。我心里说，你等着瞧吧。

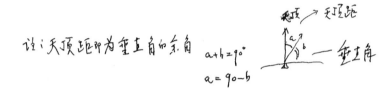

邵世坤解说天顶距手迹

有一件事更令我记忆深刻。我与茹仲三用 OT—02 仪器学习二网观测法，测完后在整理手簿时，我看见手簿的前面有一张空页，就随手画了一幅一支钢笔插在墨水瓶里的图，心里美滋滋的，还想这回一定会得到专家的表扬。晚饭后，温学龄找到我说："切尔钦克找你有事。"专家住的是农民的土房子，屋内点着一支蜡，光线很暗。我走进门，手刚一扶到门墙，就被一个蛰伏久矣的当地"土著"——蝎子美美蜇了一下。我强忍着痛，说：

"同志·切尔钦克，你找我有啥事？"

"你怎么能在手簿上乱涂乱画呢？手簿里的资料是很严肃的东西⋯⋯"

切尔钦克破天荒的声色俱厉，一连串"炮弹"轰得我耳膜嗡嗡直响。没想到，平日里就直来直去的伊万诺夫此时更是继"炮弹"之后，又甩过来一串"手榴弹"：

"你就会胡整，又不是一年级的孩子，画什么墨水瓶……"

"土著"投来的"标枪"刺得我钻心的痛，可我还得立正站在那里，一动也不敢动，足有半小时。此事对我教育很大，我受益匪浅。以后整理手簿时，我认真仔细，其质量堪称一流；以后，我又教育了多少人，敬重手簿，敬重观测劳动成果，敬重测绘质量，敬重自己的事业前程。这是后话，当年的我，血气方刚、自尊心很强，虽然也知道自己犯了原则性错误，且真的严重到不可饶恕的程度，但我还是觉得被人训成这副熊样，尤其是被洋人训成这副熊样，三分恼三分怒，久久难释怀。

第二天下午，专家在标上观测，我在村边的小河沟里逮了一只小刺猬，趁没人注意，把它放入伊万诺夫的被窝里。出了房门，我又怕这个玩笑开大了；拐回头，又将小刺猬装进伊万诺夫的靴子里，一夜无话。第二天早上，伊万诺夫没命地喊：

"尤拉（温学龄）！尤拉！"

我知道好戏开始了。伊万诺夫说："你看这是什么东西？"温学龄一看，也吓了一跳："这不是刺猬吗？怎么屋子里有刺猬呢?"少顷,温学龄看了我一眼,会意地笑了。刺猬俄语翻译不出来,温学龄就对伊万诺夫说:"是个小动物,对人无害,你不要怕。"伊万诺夫板着脸对我说:"赶紧给我扔出去,扔得越远越好!"我说:"这是男人的宝贝,你吃了后,你夫人会高兴的。"这句话伊万诺夫似懂非懂,但他还是坚持让我扔了……事后伊万诺夫问温学龄:"邵说我吃了那个怪物,我老婆会高兴的,这与我老婆有什么关系?"机灵的温学龄暗笑着解释说:"那个小动物是大补,你吃了以后,身体会更强壮,等你回去和你夫人'办公',你夫人能不高兴吗?"伊万诺夫恍然大悟:"邵这个小子是个大坏蛋!"温学龄后来讲给我听,我捧腹大笑。

在向苏联老大哥学习的日子里（下）

1955 年,区队部迁到广州市中山六路惠吉西路惠吉三坊 6 号,但作业区上半年都在鄱阳湖、南昌、景德镇一带,下半年才转场到广东地区。

翻 译 经 历

这一年春，我被提拔为尤苏波夫少校的助手。众多的见习员中，百里挑一，提拔了两个给专家当助手，另一个是刘汉武。尤苏波夫身高1.8米左右，作风稳健，是一个非常有魄力的男子汉，说他性格内向吧，但时不时冒出来一句玩笑，把我逗得哈哈大笑。如他晚上吹灭蜡烛后，用汉语问我："你吃饭了没有？""都睡觉了，还吃什么饭！"尤苏波夫则哈哈大笑。这一年，没有再配翻译，我身兼助手和翻译两职。

组织派毕学文和黄天智两个见习员到我所在的观测小组实习。我与毕学文、黄天智既是校友也是同龄人，在一起生活得很愉快。他俩在学习中所提出来的一些技术问题，都由我解答。尤苏波夫没有给他俩授过一次课，但尤苏波夫严谨的工作作风和待人诚恳的老大哥风范，对我们仨影响都很深，我们都很敬重他。

原先该观测组由切尔钦克说了算，该迁站了，他告诉翻译，通知行政组长雇工搬家；有关司光员、投影员的调遣，则通过翻译告诉我调遣。现在的情况不同了，省去了翻译，在我与尤少校商量后，就由我直接发号施令了。由于我全面掌握进度和其他动态，有些事我就可以提前安排，所以小组工作井井有条，进展特别快。区队长或参谋长每次下来检查工作，我们小组都受到表扬。

从左至右：前排尤苏波夫、中校区队长、区队上尉保卫助理
后排黄天智、毕学文、邵世坤、区队长随身蒋翻译
1955 年摄于广州

观测小组在南昌市整理成果，在阳明路交际处住了几天。江西省省委书记邵式平宴请了大家一次。宴会开始前的祝酒词和答谢词由我翻译，双方每句话的意思我虽然都懂，但整句相互间又直译不出来，好在祝酒词和答谢词的

套路我懂，我就按着套路采取两边"哄"的办法，或减或加，尽拣好话传达。如此一来，我就变成不打绊子的"高级"翻译了，把邵书记和尤少校都"哄"得很高兴。我坐在邵书记与尤少校的中间就餐，尤少校指着一道十分有特色的菜问我："这叫什么菜呀？"我用俄语回答："我也不知道，你就好好吃吧。"尤少校就再也不敢问了。今天，我依稀记得那道菜叫"菠萝蜜"，蟹膏、蟹肉和大肉做的馅儿，用植物叶裹紧，再用细绳捆扎，极像菠萝。人家都不知道如何下筷子。我琢磨着，既然用绳捆扎，里面肯定装有好东西，就把细绳割断，天哪，包衣散开，香气扑鼻，大家纷纷下筷子，都说好吃好吃。尤少校不会用筷子，就用勺子一勺一勺吃起来，比筷子还过瘾。邵书记劝尤少校多吃菜，我都给尤少校翻译过去了；邵书记又问了一些工作情况，我都一一答复。省委书记问我叫什么名字，我恭恭敬敬地予以回答。

"啊，咱们是一家子。"

"我还得叫你大哥呢。"

接下来，越说越近乎。邵书记最后说："测绘对建设新中国很重要，一定要团结好专家。以后，你们有什么困难，就来找我。"

走出宴会厅，尤少校对我大加赞赏："你小子还真行！"

在交际处吃饭期间，我数次与京剧大师周信芳同桌共餐，跟他学会了吃甲鱼。一只拳头大小的甲鱼0.20元，我一顿能吃4只，外加2两老白干，还是满"小资"的呢。

搬离了交际处，我们立即感受到了省委书记宴请的种种好处。邵式平是井冈山根据地的开拓者之一，在江西群众中颇有威望。他礼贤下士，请小小的观测组吃饭，使观测小组更加得到当地干部群众的支持，给后来的工作带来了很多便利。

鄱 阳 湖 畔

我把包括警卫班在内的20多人的观测组管理得井井有条，尤少校很欣赏，因此更放心让我做"领导"了。除了迁站跟我商量如何走好外，他主要的任务就是观测。阴雨天尤少校常常看书，看的是肖洛霍夫的《静静的顿河》、高尔基的作品，以及翻译的《西游记》等。一天，他向我逗乐子说："孙悟空怎么能耐那么大，在大山底下压了500年，还没压死。那他吃什么？"我答："那不是神话嘛！""啊，原来如此！"尤少校眼睛睁得大大地夸张地来了这么一句，接着就绷不住笑了起来。平时无事，尤少校也会闲聊，他特别欣赏中国菜，说中国菜不但花样多，也好吃。他最念念不忘的是"菠萝蜜"这道菜。尤苏波夫少校是个美食家，一顿能吃 8 个鸡蛋、1 只烧鸡，外加面包师小王给他烤的 3 片面包。

观测组到县或县以上的大地方，有的地方官员为了欢迎苏联专家会组织宴请或歌舞会等活动。有一次观测组迁站，从鄱阳湖的西岸乘机动船 5 个多小时到达鄱阳县码头，县委书记就在码头等着。县一把手迎接，仅此一例，再加上辽阔的鄱阳湖，此行给我留下了很深的印象。到招待所之后，书记说准备了简单的午餐，让来客先吃点垫垫，下午有宴会和舞会，寒暄几句就走了。

1955 年 6 月，在鄱阳湖畔

陈冒尖点为尤少校记簿

舞厅设在县文化馆，宽敞、大气。舞池周围的桌子和台子上摆着水果和茶杯。书记陪同我们步入舞厅，周围站满了人鼓掌欢迎。书记和尤少校落座后，我站在二人后面当翻译。书记与尤少校寒暄了几句，说："咱们开始吧。"就听"嘭嚓""嘭嚓"响起了乐曲。我不会跳舞，只能干坐着看热闹。但见尤少校站起来，端直邀请了迎上来的姑娘跳起来。紧随其后，全场20多对男女翩翩起舞。大家都很文气，只有尤少校这一对比较放得开，引人注目。

舞会举办得很成功。这场舞会之后，二人工作配合得越发好，相互关心，心情愉快又舒畅，已经不是亲兄弟胜似亲兄弟了。

苏联老大哥中老婆迷不少。按苏联政府有关规定，出国一年以上就可以带家属，可是我们与苏测队签约是两年，随军家属怎么带呢？这是个棘手问题。最终经领导周密思考，提出来一个夏季给苏测队官兵一个月探亲假的折中方案，苏方才与我们最终签约。当地官员设宴举行舞会主要是表达对苏联专家的感谢，目的是使专家劳逸结合，更好地带中国徒弟。从实际情况看，这一安排效果很好，可谓把好钢用在了刀刃上。打我个人感情说，这样做也是对的，免得老大哥说我们"小抠"，先镇他们一下，看我们中国人多么大度和好客呀。待客归待客，我们的各级干部都艰苦惯了，节约每一个铜板用在革命事业上的观念是牢固的，也自然而然影响了我们这一代人。

烧瓷全家福

工作进行到景德镇片区，我建议给尤少校全家烧一幅全家福 8 吋瓷片像。大家一致赞同，凑了 40 元钱把瓷片像烧出来了。瓷片像与相片相比，不但丝毫不差，而且很有立体感，尤少校大吃一惊，如获至宝，爱不释手。他连连说："你们中国人真聪明、真伟大！"我说："能体现我们中国人聪明的地方多得很，你回国路过北京，到故宫博物院参观一次，就知道了。"尤少校说："一定去，一定去。"我们这位尤少校是位老婆迷，没事就拿出瓷片像欣赏全家福。他老婆的确长得很漂亮，两个女儿也非常惹人喜欢。

团结、活泼一家亲

观测组的警卫班是从朝鲜战场才回国的。11 个河南人、1个广东人。12个人都爱打篮球，报到时就背了一个篮球呢，每到一地，但见篮球架，见缝插针也要投它几个，山野间，传传球更是家常便饭。我也爱打篮球，尤少校更厉害，是整个苏测队的篮球代表。于是，观测组组织了一个篮球队，沿途一有机会就和地方比赛。洋人是稀罕物，洋人打篮球更稀罕。记得在景德镇，尤少校在场上大显身手，观众围成厚墙，掌声雷动。战士们场下也沾洋人的光，赛后洗澡吧，进入烧瓷装修豪华的澡堂，像是置身王母娘娘的瑶池，个个惊叹不已。从鄱阳湖一路打来，测量人员与战士、专家与战士，相处得越来越融洽。去年，测量人员的活，战士们遇上了也帮着干；今年不同了，战士们热情高，不仅主动帮测量人员上山下山搬东西，而且不值岗期间，也帮测量人员干其他繁重活。虽然是两个灶吃饭，但亲如一家人。

挑　　夫

在江西作业一路顺风，观测组很快就移师广东英德县，和兄弟组在一起分片观测。由英德县（今为英德市）至广州是一等三角锁，我所在的组由英德县至惠州展开工作，9月月底完成观测任务收测。

雇工迁站，雇来的挑夫都是妇女，光着脚，有的已经50多岁了，我惊呆了。一副挑担30来公斤，日行约30公里的崎岖羊肠小道，每天才拿0.6元的脚力钱。我的心都要碎了，眼泪几乎掉下来。其实，没有这0.6元，她们也能活下去，她们是为支援国家建设而来的。她们都期盼着国家富强，早日过上好日子呀！大嫂大妈赢得了大家的尊重。我对行政小组长老王说："以后雇工要多雇几个，每人挑重不宜超过25公斤。"老王应声答道："知道了。"自那以后，同志们都自觉地向挑夫学习，迁站搬家也背些东西，以减少国家开支，风里雨里如此，三九伏天亦如此；平地丘陵如此，高山荒漠亦如此；年轻如此，人到中年亦如此。

我所在的观测组虽然提前完成了任务，但其他组尚未收测，我就和毕文学、黄天智看电影，游越秀山，到文化公园听红线女的粤语演唱……斗转星移，不知不觉，邵世坤已到了耄耋之年，回忆向苏联老大哥学习的日子，心里依旧暖乎乎的。

陡峭的云罗山全景

1957 年 8 月 1 日，邵世坤在四川江油龙日坝—

广元一等三角点所在云罗山负重拽绳、挂拐攀登

新疆工作区

刮肉疗伤学关公

新疆巴音布鲁克草原的牧民多是成吉思汗的后裔，善骑，肩上套着20多米长的套马绳卷，套马术天下第一。草原上到处是成群的马匹，每一群至少在500匹以上，多者上千。极目望天舒，草原中间有一条小河，滋润着大地，所以，这里是天然的放牧场。

蓝天白云，远眺峻山白雪皑皑，风吹草低见牛羊；中看蒙古包像盛开的白莲花，引人入胜；近看被蜂蝶花香包裹着的牧民，欢快豪放。

邵世坤 1959 年在新疆巴音布鲁克草原

1959 年，我们观测组在那里做一等三角观测工作。记得是 4 月吧，我到巴音布鲁克区办事，在从回来的必经之路穿越蒙古包时，遇到了一件终生难忘的事。

马在小跑着……

突然有一群蒙犬，大约 10 只，将我与坐骑团团围住，马当下裹足不前。其中一只猛扑过来，在我左小腿踝子骨的上方狠咬一口，且咬住不放，硬是将我拽下马来。幸好我还站立着，要是倒在地上，必被撕成碎片！群狗围上来撕咬我，混战开始。我少年时，就跟随爷爷一同深入长白山狩猎，自己在家门口也时常独自捕捉野蛇玩，不经意间就有了手疾眼快、出脚稳准狠的功底。及至 15 岁，新中国诞生的第二个年头，暑假助力父亲淘金，一顿能吃 6 张（约 1 斤）娘烙的煎饼，我就立在灶头，熟 1 张，吃 1 张，1 条大葱伴酱这么一卷，吃得饱饱的；吃饱力不亏，约 75 公斤的沙石担子在肩，有点吃不消，但也常常快步超过父亲呢。1957 年，提升至观测员作业组长，被视为干部，于是在刚刚过去的 1958 年，23 岁的我在陕西省镇巴县新房坪"下放劳动"，用大背篓背约 75 公斤的刚收割的谷子走山路，原本是忠于党、忠于人民的踏踏实实的"劳动改造"，没想到竟练成了铁腰板和稳如磐石般的脚跟。如此这般，我眼下才能与这一大群锈犁头也要咬一口的蒙犬在荒无人烟的大草原玩"过家家"！正玩得嗨，也不知怎么搞的，一只恶犬两爪就搭到了我的胸脯上，快要咬到我的鼻子了。我急了，双手抓住索命者的两只前爪，将其当木棒挥舞起来，犹如《三国演义》中的典韦封堵寨门，双手倒提两军汉，水车般挥舞御敌，最后呼呼旋转了两圈，打退了群狗的疯狂进攻。我一气之下，顺势将索命者扔出去 5 米多远。"狗木棒"可能被摔痛了吧，直叫唤，爬起来直挺挺地站在那里，两眼晕三倒四地看着我。其余的狗也傻傻地看着我，愣在原地。

清一色的黑家伙，个头中等，不辨眼睛，但见一闪一亮处杀机流泻一地。

平静最多不超过 10 秒钟，其中一只又叫着扑上来咬，结果是群狗蜂拥而上。我左推右挡、拳打脚踢，再次与群狗厮杀起来！毡房离战场 30 多米，就在我即将招架不住时，狗的主人闻声出来，用蒙语只喊了两声，也可能是两个短句，群狗就停止了进攻，耷拉下尾巴乖乖地撤了，主人随即钻入毡房。

马避开了十几米，站在那里，仍有余悸……

我被咬处正下方隔着内外踝骨就是脚后跟，鲜血直流，伤口 1 厘米见方多一点，有粒被犬牙带出来的略大于高粱米的肉吊着。好悬呀，差点就把左脚筋腱咬断了！再看全身，幸亏巴音布鲁克的晚春还有些冷，我穿着皮裤、皮衣，否则不知会被咬成什么样。此处离驻地较远，我人生地不熟，看来脱险疗伤只能靠自己了。

我儿时知道，有的人被狗咬了，两三天就死了；有的人被狗咬伤后没死，但因毒气太重，伤口溃烂，直到有毒部分烂完，才慢慢长出肉芽来，这一折腾，二三个月后，才能下田劳动；有的人被咬伤了并无大碍，瘸几天就好了。这三种情形我只能从坏处着想，即如果不及时处理，会死掉的。我觉得自己很年轻，正是为国家出力的时候，死了甚为可惜。不想死，就得及时治疗，但最近的县城是和静县，再就是焉耆回族自治县（队部所在地），但两地往返至少都得六七天。可是我想到自己身为观测员、作业组长，如果这么一走，全组 20 多人就得停工。我舍不得时间，不忍心停工影响生产。既不想停工影响工作，又怕死，这不是矛盾吗？这个矛盾该如何解决呢？我想到了《三国演义》一书中的华佗为关公刮骨疗伤的故事，我决心仿效。

我端详了一下伤口，只要把刀尖刺进 5 毫米，把 1 厘米见方的中毒部分的肉全部剜去，就能把毒菌完全清除。我不久前在焉耆买了一把小匕首，随身带着，准备吃手抓羊肉时用。我爱刀，把它磨得很快，基本上可以刮胡须了。谁料想，这时派上了用场，"先吃我的肉吧"。我先向悬吊肉下手，忍着疼痛，将之割下来。接着，又咬了咬牙，猛力向伤口刺去，没想到一家伙就达到 5 毫米！天哪，剧烈的疼痛逼出了汗，手腕瞬间就软了，再也无力剜肉了。我心里想，还学关老爷呢，还没开始剜就受不了啦，这哪像个男子汉呢？于是，我定了定神，想，剜不下去就轻轻地刮吧。

刮的滋味比剜的滋味要好受些，基本上像烟头烧着再加上一点盐末的感觉。刮了有3毫米深，浑身冒汗。我停下来休息了约两分钟，继续刮，但匕首刚触到伤口就痛得受不了，再也没有勇气刮下去了。我想决不能半途而废，要想活，必须刮。于是，又狠下心来继续刮，且速度在加快，不知不觉间，豪气冲天，竟至超过关老爷，大有夏侯惇拔矢啖睛之气概！最后可能是刮得太厉害临近极点了吧，感觉有点麻木，不是很痛了，这就好，这就好，刮刮刮，总算把伤口清理干净了。我松了一口气，高兴得很，肯定死不了啦。我朝马走去，一心想上马继续行程。但旋即又遇到了困难：狗咬的是支撑上马的左腿，吃上劲痛得厉害；不上又不行，狠下心来，经过两次试登，总算跨上了马背。

慢悠悠地行进了约两个小时，才到达营地。血淋淋的小腿和脚，把记簿员武海宽惊呆了，问我怎么啦。我简要回答，武就赶紧烧了一锅热水，给我擦洗干净伤口，从保健箱中取出酒精消毒，最后撒了像味精颗粒似的刀伤药，用纱布包裹起来。记簿员就这样当了护士，我非常感激他——生死与共的亲密战友！

第二天，我就拄着拐棍，忍着疼痛，一瘸一拐爬山下山围着仪器转，坚持工作了。20多天后伤口痊愈，落了一块伤疤。我老来身体发福，但这一块伤疤仍像碎碗瓷片一样，凹着，硬硬的、凉凉的，看来当年刮过头了。

邵世坤 1959 年在巴音布鲁克 一等基线网基南三角墩上

雪山上的七天七夜

1959 年 4 月底 5 月初，巴音布鲁克草原鲜花盛开，一群一群的马啃着一望无际嫩油油的草。测量健儿即将拉开征服白雪皑皑的哈尔克山三角点的帷幕。

哈尔克山面对草原，壁立千仞，令人望而生畏。从正面根本无法攀登，我和战友只能绕到山背后，沿着几乎垂直的常年被雪水冲刷的大沟，从其右侧山梁攀爬。

这个三角点全名曰"江岭哈尔托尔盖基线网东扩大点"，简称"江点"，建造的是"墩标"。墩标本身就意味着该三角点最艰险、最难攀登。正因为如此，只有经上级批准才能建造"墩标"。中队长陈祥知道登此山非常困难，特地从外组赶来支援我组。由于登山困难，不能让司光员上山司光了，观测员只能对其他相关联的点白天照准圆笼（也称标笼，墩标的组成部分，位于仪器墩上方2米处，直径0.5米，木质，刷红白漆各半，是照准的目标）观测。

邵世坤（后）与陈祥2010年11月摄于衡阳石鼓书院

东方初亮，我和陈祥（健在）、武海宽、祝良佐（健在）等一行 5 人，背上 T3 仪器和必需的装备以及 10 天的口粮——大饼加咸菜，向山顶冲刺。

3 个拽绳攀登者，"长颈鹿脖子"刚起步　陈祥摄

爬山的路线很像一个长颈鹿脖子。由驻地南行，沿着坡度约 40 度的"长颈鹿背"缓爬，约 4 个小时后到达"长颈鹿脖子"之下。"长颈鹿脖子"凸显山势之险恶：左边是万丈深沟，右边是嶙峋惊心、60 度以上的岩石坡，两边都无路可走，只能沿着"长颈鹿脖子"硬着头皮爬。脚

下多长方形风化硅质片麻岩，坚硬锋利，落着一层薄雪，非常滑，常常是走一步退半步，有时上一步下滑一米多。登山者只能全身趴在片麻岩上，以增加下滑阻力。越爬越陡，坡度渐升至七八十度。此时如果单脚滑下去，将顷刻间粉身碎骨。为了确保完成任务，我背着 T3 仪器，前面由祝良佐背着 T3 脚架，他用绳牵引着负重的我往上爬。祝良佐爬到约 10 米处，将身体设法固定稳住后，我再牵引绳子往上爬；爬到祝的脚下后，祝再往上爬，就这样一节一节地往上倒。牵绳绝不能用力拽，只能起到一个平衡身躯和稳定心态的作用，如果用劲拽，牵绳者就会滚下来，撞上攀爬者，两人都将命归西天。整个过程眼睛都不能向下看，白云在头顶翻滚，庞然大山呈现出一副随时即倒的动态，使人晕眩，若腿一软，当下就玩完。祝良佐偶尔向下看一眼是必需的，但他的常态只能是目视远方。只这一眼，我相信，祝良佐的平衡感和心理定力是出类拔萃的，是潜在的登山冠军。我与祝良佐怀揣一个信念，只有不怕艰险，勇敢地爬上去，才能完成任务。每每念及任务，念及人民的重托，我俩就勇气倍增，忘了死与不死的问题。这一险段与"长颈鹿背"约有 300 米的高差，不知耗时几何，但连带从驻地出发所走的路，全程用了 10 个小时，终于顺利登顶。是顺利，不死不就是顺利吗？还有何求，还有何求！我顺利，故我在！祝良佐顺利，故祝良佐在！陈祥等3位战友顺利，故陈祥等3位战友在！毛泽东思想武装起来的战士啥样？毛泽东思想武装起来的战士就这样！谁接过了红军的枪？我们接过了红军的枪！大家虽然都汗水湿透全身，却都感到倍儿爽。才一登顶，我就夸祝良佐脚跟子稳；而祝良佐却说，你更厉害，小腿才被狗咬，背的仪器又比脚架重许多。

我和武海宽投影后，将圆笼取下，着手观测。其他三个战友为我和武海宽建造安身立命的家。由于帐篷当初就被视为无法运至山顶的奢侈品，眼下只能把积雪铲平，用下边的坚冰造床。冰床很快造出，但遗憾的是中间凸着个约4公斤大的西瓜石。先铺上行李布包皮，再铺狗皮褥子与被子，床就又兼沙发了，我和武海宽有"家"了。考虑到下山更难：下午片麻岩下的冰开始融化，不能立着下山，只能坐着一点一点往下蹭，我和武海宽催三个战友尽快下山。

该点是扩大点。最长边50公里，最短边10公里，且又不在一个水平面上，最高点垂直角为 +2°，最低点为 -4°，6个方向组成15个单角，每个单角要测6测回，计基本测回为 15×6＝90（个）测回，即便是调来全国最优秀的观测员来观测，在我看来他也会头痛的。

该点海拔高度约 4 000 米，对我和武海宽来说，高是高了点，但能扛得住。1957 年的四川江油龙日坝—广元一等三角点的磨砺，使我俩在精神和体力两方面都能够应对眼前的山高与天寒。把生命之钢用在刀刃上，我至今仍觉得自豪。

其他三人下山后，我和武海宽急急忙忙地啃了几口凉饼，抓了一把雪润润嗓子，就开始观测。6 个方向最高的姜太勒米堤点，山头被云烟笼罩，最低点基本被雾吞没，都观测不成；剩下 4 个方向，测了十几个测回，只好收测。到了晚上，天气好转，6 个方向，5 个基本都测出来了，但因缺 1 个方向，也不能全方位观测，测了近 20 个测回，只能鸣金收兵。

一天劳累，甚感疲惫，正好一试新家滋味。仰面放翻，能见度非常好，大有伸手把月亮拽下来的感觉。我看着月亮上的环形山，仿佛看到嫦娥在广寒宫哭泣。她是多么孤独凄凉啊！我觉得自己和战友一点也不孤独凄凉，我和战友都信心满满，枕戈待旦，以迎接明天的战斗！就这样，我俩身盖满天星斗的花被，铺着一片纯洁的雪毯，很快进入了梦乡。山头眼下花被雪毯，一片寂静心上天；山脚昔日野狗撕咬，恶声腥气逐浪高。生活啊，生活！

1957 年 8 月底 9 月初，在四川广元作业，观测组全体人员合影

观测组部分人员留影

前左邵世坤，前右李德善，李德善后架仪器者为武海宽；

后右祝文瀚、赵飞、陆长科等

我俩盖一床被子，上面是皮大衣，再上面就是帆布。早晨睁开眼，发现露出被子的脖子周围及眉毛、胡须都挂了霜。我放眼四周，雾漫漫，心也湿漉漉的，正感觉着像是要下雪，雪花就那个飘飘地落下来了。大雪下得紧，不到1小时，就下了50毫米，压得人喘不过气来，只好坐起身除雪。这一除雪不要紧，雪就往被窝里滚。我俩再没有勇气往被窝里钻了，因为被窝里凉冰冰的，只好穿着皮大衣来回踱步。谁知踱步更艰辛……3个小时后，天气晴朗起来，行李布包皮全湿了，摸摸狗皮褥子，也水水的，唯有被子还好吧，但也潮乎乎的。这可怎么办？今晚怎样过夜呢？铺在雪地里晒被褥，上面会干一点，可是下面必定还是湿的。还是武海宽聪明，他想了个办法，把脚架支起来，用绳子一头套在仪器墩上，一头拴在脚架上，就开始晒起被褥来。这办法很有效，烈日当空，晒得狗皮褥子直冒水烟。

到了下午，天气更加晴朗，6个方位全出来了！群山峰顶一片白，山下万顷草原绿油油。我俩赶忙操作，一个下午测了近30个测回，任务过半。到了晚上，5个方向都出来了，测了不到10个测回，只好收兵：有的水平角已测了4个测回，再测下去，《细则》就不允许了。

今夜无语，世界静悄悄。被窝冰冰凉的，裸露在外的鼻子就只能以冻来形容了，但瞌睡来了，还是能睡着。

第三天，云来雾去，山头时隐时现，无法工作。晚上等到9点多钟，天气仍不见好转，我俩正准备钻被窝里，狂风大作，夹着雪粒无情袭来，被褥即将被掀飞，我和武海宽七扯八拽的，将被褥往屁股底下塞，费了好大力气，总算压住了，我俩用帆布包裹着，肩并肩坐在被褥上，一动也不敢动。一坐两小时，风才慢慢停下来。少顷，月上东山。我和武海宽赶紧起来，抖落被褥上的雪。然而，再抖也抖不干净，雪粒已经粘牢了。夜才往深处走，离天亮还有很长一段时间，我俩只能下大力气重整床铺，而后钻进被窝睡觉。没想到，这一回钻进去不灵了，都冻得发抖，想抱在一起取暖，但西瓜石相隔，无法抱紧，只好爬起来。我想，借着月光建造一段雪墙就不会如此挨冻了。于是，一夜之间，我俩建造了一段长2.5米、宽2米、高1.5米的梯形雪墙，用铁锹拍得瓷瓷实实。这一夜，不仅未尝冻滋味，造墙还累得我俩直冒汗呢。生活啊，生活！

从饮食角度讲，自第二天后，我和武海宽适应了高山反应，不吐了，想吃点东西了，但每天只能吃半斤多冻饼。强烈的紫外线照射，使我俩的嘴角都干裂，出血结痂，张不开嘴，只能把冻饼撕成碎片，一片一片向口里填；间或把雪团成直径十几毫米的球球往口里塞。

第四天，天气虽然晴朗，但山头还是露不出来。我俩抓紧时间晒被褥。这次晒得时间较长，基本都干了。一直等到晚上八九点，天气还不见好转，且乌云逐渐聚多，我看没有希望了，就叫武海宽一同钻被窝。刚钻进被窝，不到半小时，狂风大作，夹着乒乓球大小的冰雹向我俩无情砸来。砸在昨天的雪墙现如今的冰墙上，咣咣的。雪墙白天经太阳洗礼，晚上就变成冰墙了，风再大，冰雹再撒野，也纹丝不动。此夜我俩安然无恙睡着了。此夜承前启后，对维持我和武海宽的生命意义重大。

第五天至第七天，天气时好时坏，测测停停，停停测测，一直到第七天下午，才完成任务。所测成果质量上乘，重测数在10%左右，还是个优级品呢。

第七天晚上，身为组长的我通知他们仨，明早上来搬家。那时候没有对讲机，他们仨只有爬上一个小山头，才能看见我发出的回光灯信号。为了避免片麻岩下的冰融化所带来的安全隐患，最后我用信号强调：越早越好。

战友十分明白早点上来的重大意义，子夜刚过，即起程摸黑赶路，天刚亮，就爬到"长颈鹿脖子"下了。当我俩在山顶与战友会合时，我感动得流下了热泪。60年后的今天，当我写到这一段时，仍然泪花沾湿睫毛，心想：我和武海宽的这些兄弟有多好呀，当年如果没有他们仁的全力配合，我俩就下不来了。

在这七天七夜里，暴风雪夜间袭击了3次，白天遇到了一次强劲风，至少为10级。在冰雪山巅，狂暴的风老爷突然来了，崖为之颤栗人已乏透了……数年后，我听京剧《沙家浜》唱腔"八千里风暴吹不倒，九千个雷霆也难轰"，太有感觉了。

在这七天七夜里，我与武海宽没吃一口热饭，没喝一口热水。七天七夜下来后，我感到身体陡然不行了：胃是凉的，全身没有一点热乎劲，力气全无；周身关节麻木，并有微痛感，膝盖骨疼痛明显；脊背最严重，像嵌着一块门板，成了死肉；唯有脑子十分清楚，老想吃一碗烫嘴的油厚肉肥的羊肉汤。

用生命系住的胜利

1959 年初夏，我亲爱的战友，共产党员黄杏贤同志，冻死在新疆巴音布鲁克大草原的姜太勒米堤一等三角点（简称姜点）山脚下的小河旁。杏贤到山下补查点位不通视的工作。那一天，天山的雪受到太阳暴晒，大量的融水使小河猛涨。虽然宿营的帐篷就搭在离他约 10 米远的河对面，但水深湍急，无法过去。天山冰雪融水落差大，即便不到半米深的流水，人一下去，腿就失去知觉、冻僵，根本站不住！到了晚上，饿极乏极的他在寒风中睡着了，这一睡竟永远没有醒过来。黄杏贤结婚不满一个月就归队赴疆，他戴着弟弟从南洋寄来的新婚致喜脉搏驱动自动手表，那时间停在了 2 时 45 分，也就是说，在黎明前的夜深至点，一天 24 小时最冷的至点，他的心脏停止了跳动。只隔 10 米，没有喝上盼了一整天的一杯热乎乎的水，吃上一顿热乎乎的饭，致死耳畔都是急湍的怒吼声，到大天亮，昨天一白天汗湿透的内衣都冻成了铁衣。当战友第一眼看到他时，他双手还托着仪器和资料簿！天若有情天亦老，海拔至少3000米的小河见证了这一切，两岸的稀疏青草见证了这一切，雪山下，新一代测量人思念老战友的琴弦更是诉说着这一切。

噩耗传来，告知远在焉耆的国测第七大地测量队（简称大地七队）副队长赵桂孝，他赶来带领全体观测组的成员就地开了个追悼会。黄杏贤的妻子得到噩耗，从广州赶到新疆送走了丈夫，留下了最珍贵的礼物——一篇祭文，永远刻在烈士的墓碑上。

天山脚下，打问夫君在不在？未度完的蜜月啊，叫人从何续？

"度尽劫波"弟兄在不在？曾经南洋的椰林暖风啊……

墓碑前，大家满怀悲伤，热泪盈眶，气氛庄严肃穆。我对杏贤同志说："你安息吧，不管困难有多大，我一定率领全组同志，拿下姜点这只拦路虎，完成巴音布鲁克—库车一等三角点的全部任务。你放心地走吧！"黄杏贤牺牲后，大队报请新疆维吾尔自治区审批，将黄杏贤牺牲的点位所在的山定名为"杏贤山"，英烈事迹由此万古传颂！

告别了战友，观测组踏上了征服姜点的征途。

邵世坤、祝良佐、武海宽向杏贤山（8007点）行进　陈祥摄

　　姜点海拔高度至少在 5 500 米左右，是巴音布鲁克草原周边的最高峰，常年披着银装矗立云端，在大草原的每一个角落都能看到它。《雪山上的七天七夜》篇中的那个一等三角观测点——江点所在的山和姜点所在的山都属于天山，前者在东，后者位于西。姜太勒米堤就像是横卧在巴音布鲁克大草原与库车县间的一只雄狮。从草原至达坂（山垭）的比高不足 2 000 米，有马道，是草原通往库车县的必由之路，形象地说就是狮背。我们爬了一整天的山，

把帐篷搭在了雪线之下。

姜太勒米堤　祝良佐摄

由于江点是墩标，不放司光站，7 个观测方向中有 6
个司光站的司光人员提前一天奔赴指定的司光点，在此之
前，他们是接到通知专程下山集中到黄杏贤同志罹难地参
加追悼会的。

第二天，天蒙蒙亮，我与武海宽、祝良佐背着沉重的
测量装备，向点位发起了冲锋。我们气喘吁吁地爬上了坡
度约 70 度的小山头，看到了墩标。墩标没有建造在制高点
上，而是建造在"狮耳"的凹处。"狮耳"距冰雪"狮子

头"尚有十几米高，根本无法攀登。连接"狮子头"的是
风道口，这是通往点位的唯一路径。其长不足50米，两边
的坡度达70度以上，是典型的"鱼脊梁"，下面就是万丈
雪渊，令人头晕目眩、毛骨悚然。最宽处不足20厘米，最
窄处就像刀刃。通过"鱼脊梁"，就像走钢丝绳，一旦失
去平衡，后果不堪设想。

姜太勒米堤下的祝良佐　邵世坤摄

摄影者不经意将右端的武海宽拍了一部分，成就了现实版的
"对影成三人"。他们仨吃完这顿饭，就一口气向姜点冲刺了

墩标是大地七队造标中队支部书记杨明泉知难而上，
头年选择仲夏时节，冲杀在第一线领衔建造的。7月里暴

风雪减少了许多，"鱼脊梁"冰雪几乎融尽，施工者采取人海战术，每人搬运的建材相对较轻，风险大大降低，从而建起了墩标。战友在如此艰险处建立墩标，令我们敬佩，真是"莫道君行早"。而比造标者更先一步的是选点员。选点员是谁？黄杏贤！黄杏贤呀，黄杏贤，你安息吧！我们一定会把后面的工作做好！

身为组长的我想出了两个办法：一是用雷管炸药，采取逐步推进法，把"鱼脊梁"炸平，两端拴上绳索，再通过就安全多了。可是采取此法，就得到远在焉耆县的大队部取雷管炸药，往返至少需十一二天。二是下到草原，向驻地附近的牧民借两条套马长绳，往返至少需 4 天半。将两条长 20 多米的绳子挽成 50 多米拴在腰上，用铁锹把"鱼脊梁"铲平一些，逐步推进，到那端后，两头拴绳固定，人握着绳子前进，也会安全些。但这里面有一个问题，一旦拓宽者走出 30 米开外，人失去平衡掉下去，两人死拽绳子能把人拽上来，但拽上来后是伤是死，并不能保证；30~50 米开外，连能否将人拽上来都不好说了。揪心的是，无论采取何种方案，都必须立即付诸行动，因为当时天气十分晴朗，如果错过这个机会，即便是观测者技术精湛到家，也是很难取得最佳成果的。于是，我与武海宽、祝良佐商量决定，以上两个费时的办法都不能用。我说，咱们冒一次险吧，为了党的测绘事业，即使是死了，也是光荣的。死，我们都不怕；怎样爬过去完成任务才是紧要的。我说，只要我们不怕死，具备了走钢丝绳需要的勇气和像逛马路一样的心情，走起来眼睛平视，我们就会安全通过的。于是，我们决定行动：第二个人与第一个人之间、第三个人与第二个人之间，相距都不要超过半米，骑在冰棱上，用屁股一点一点地同步向前蹭。万一失去平衡，后面的人可以照应前面的人。行动前，我强调，"遇事不要惊慌，就是安全的保障"。

武海宽在前面用铁锹开路，将刀刃般的路脊铲平，免得割伤屁股；祝良佐背 T3 仪器；我断后。断后的风险不言而喻，一旦失去平衡，没人扶助，将直坠入雪渊之中。蹭到中间时，担心什么来什么，突然一阵狂风，把夹在祝良佐后背与 T3 仪器间的帆布卷吹起来了！这时祝不由自主地伸出右臂想抓住帆布。我大吼一声："不要抓！"但此时祝已经失去平衡。千钧一发之际，我扶了他一把，使他幸免于难。他稳住了，我倒出了一身冷汗。

但见帆布卷腾空而起、展开，如同炕席般，又像羽毛似的浮在空中，慢慢悠悠、轻轻飘飘地落于雪茫茫的群山万壑之中，我们眼巴巴地看着它变成了一个小黑点。

半晌，祝良佐对我说："邵师，你救了我一命……"

我则默默地庆幸，当初自己选择了断后。

狂风顷刻过去，天又晴了。从天蒙蒙亮开始攀登，通过近 70 度的沟坡，而后到梁上爬过 50 度~60 度坡度的两个雪梁，越过近 20 米高的峭壁，再跨过"鱼脊梁"，爬一个陡坡，花费了十几个小时，终于到达点位。啊，眼前的景象美极了，雪峰望断天涯路，绝顶一览众山小。群山低低的，像群绵羊，大地景象万千，尽收眼底，使人一卜子来了精神。决战的时刻来到了，我们仨忘记饥渴劳累，立即投入工作中。

姜点是扩大点，最长边 50 公里，最短边 10 公里，且又不在一个水平面上，最高的垂直角为 -2 度，最低点为 -6 度，7 个方向组成 21 个单角，每个单角要测 6 个测回，计基本测回为 $21×6＝126$（个）测回。

我观察了 7 个观测方向，祝良佐首先发现，姜点与 8007 点不通视，几天前的鹅毛大雪把视线给挡住了。于是，我们仨顾不上高山反应招致的头痛恶心、饥饿和疲劳，用了近两个小时开拓了长约 10 米、宽约 1 米、深约 1 米的雪沟槽，保证了两点间的通视。

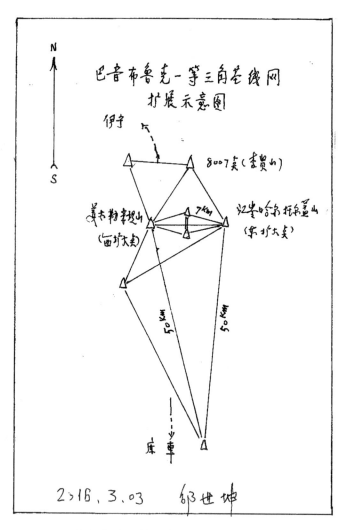

巴音布鲁克一等三角基线网扩展示意图

太阳已经偏西了，我说："祝良佐，趁现在风平浪静，你赶快下山吧。"祝良佐不愿意走，回应道："任务完成后一同下山。"我又说："只有屁股大的一点地方，3人站不下；你的调光、送光、要光任务我俩来完成。如果天气无大的变化，我俩5天内回不到营地，你就通知赵副队长来收尸吧。"实际上我们仨当时都知道这是玩笑话，一旦掉入雪海之中，必将伴随雪山长眠，即便是派千军万马来找尸体，也难觅踪影。祝良佐知道受光段和测回数的限制，如果天气变坏，留下来的战友在山头可能得苦干5天以上，人的安全肯定难以保证。祝良佐一步一回头地含泪而别，嘱咐我与武海宽一定要"注意安全呀……"我也哽咽地叮咛他："你过'鱼脊梁'更要小心……"我们仨都心照不宣：只要暴风雪再次来袭，留下的人必冻死无疑，而下山者单枪匹马过"鱼脊梁"，稍有闪失，也将一命归西。所以，这不是一般的生死离别，是双方都明白自己和对方皆有可能死去的最后一别。抚今追昔，热泪盈眶。姜点是用生命换来的，是大实话。

天助我也！上山前下了4天的大雪，观测时一点风都没有，到夜晚满天星斗，通视良好。因为7个方向测回数太多，怕转迷糊了失足坠入雪崖，我在腰部拴了一根保险绳，以免发生意外。突然爬上云端，高原反应来不及适应，能把腰如水缸粗的蒙古族牧民摔倒、一口气喝32盏马奶子酒都不醉的我此时呕吐不止，最后吐的只剩带着血丝的黄苦水。每吐完一次，就浑身颤抖。同样24岁，但身体不如我棒的武海宽，更是吐得趴在雪地里起不来了。第三天，我俩才吃进点饼，但又吐出一半。白天还好，气温十几度，晚上就零下十几度了，到了深夜更冷。又饿又乏又冻又累又晕，还想睡觉，那个滋味真是生不如死。在观测的3天3夜里，我与武海宽几乎没有睡觉——黄杏贤冻死的教训太深刻了，绝不敢睡觉。夜晚冻急了，我俩就围着仪器墩推磨般转圈，在这个过程中，我向战友抖自己的"猛料"，提振精神，送夜神。

白日里，工作、工作，还是工作，渴了就抓把雪吃，终于完成了该点的观测任务。3天3夜晴好，是天助我们。否则，别说5天了，可能7天7夜也完不成7个方向100多个测回数的观测。

16年后的1975年，我与战友攀登珠穆朗玛峰，进行三角交会观测，组织分给我的也是最高点，且比姜点更高——海拔6 300米，山虽然很陡，风化石山，爬一步退半步，喘得不行，但夜间不工作，白天温度在10℃左右，加之高原适应期充分，伙食优，装备好，与姜点相比，40岁的我，在海拔6 300米的点上，当喘的次数逐渐降下来一些之后，倒觉得完成观测任务不太难。我观测的险恶点也数不清了，但姜点和江点是最困难的两点。江点的险要处是"长颈鹿脖子"，姜点的险要处是"鱼脊梁"。后者似一剑封喉，而点位被"狮子头"逼得只有"屁股大的一点地方"，观测需腰间拴上绳子，否则，一不留神，即会坠入万丈深渊。何况姜点比江点高出1 500米，高山反应强烈。如此这般一一比较下来，姜点就比江点还要难了。举凡观测员在险恶的点陷于绝境，总是半途遭遇意外或发生重大变故所致，没听说一例一开始就置身于绝境的。至于我与武海宽当年不仅没有死且完成了任务，看来是当初选择过"鱼脊梁"方案时，我们分秒必争，一个晴天也没错过，才捡回了性命。

第四天早晨我俩着手下山。由于测完的是最后一个点，又因为险阻在前，体力已严重透支的我俩不得不把回光灯、电池、铁锹等留在山上。即便如此，我俩的总负重也不会少于 50 公斤。过"鱼脊梁"时，我发现它比以前宽了点且也平整了些。我相信这是被来时断后的自己和头前返回的祝良佐，以及眼下在自己前面的武海宽用双手和屁股磨出来的结果。满怀完成任务的喜悦，又是慢下坡，我俩稀里糊涂地蹭过"鱼脊梁"，胜利地回到测站。

我在巴音布鲁克草原花了 500 元钱买了 5 匹马，后来又捡了 2 匹，一共 7 匹马。次日装上驮子，由"狮背"的南端浩浩荡荡地向《西游记》中的女儿国——库车县进发。夕阳高照，来到天鹅湖旁。柳暗花明又一村，清清的流水、蓝蓝的天空，鸟语花香。雪白的羊儿在山坳里吃草，大片大片的松树林镶嵌在阴坡上。天鹅湖水清如明镜。天鹅或在空中飞翔，或在湖边携侣亲昵，或独自闲庭漫步，或在湖中随意游荡。真是换了人间，步入天堂。黄杏贤，你放心吧，我们完成任务了！黄杏贤，你放心吧，我们会把社会主义祖国建设成天堂的！

观测组在巴音布鲁克草原行军途中吃饭，蹲在前面

笑开颜的是维吾尔族马夫库尔班　邵世坤摄

→注明 天山融雪水对底层；冰上冷刺骨，滚盖大.
即使 一只浮水脱水人招手话不住。
下去 虚水冷强.朱去知觉

用生命系住的胜利

　　1959年盛夏，邵世坤亲爱的战友，共产党员黄杏贤同志，冻死在新疆巴音布鲁克大草原的姜太勒米堤一等三角点（简称姜点）山脚下的小河旁。杏贤到山下补查点位不通视的工作。那一天，天山的雪受到太阳暴晒，大量的融水使小河猛涨。虽然宿营的帐篷就搭在离他不到8米远的河对面，但水深湍急，无法过去。到了晚上，饿极乏极的他在寒风中睡着了，这一睡竟永远没有醒过来，冻僵了。他戴着弟弟从南洋寄来的自动手表，那时间停在了2h45m（2时45分）；也就是说在这个时刻，他的心脏停止了跳动。只隔8米，没有吃上一整天

序2作者刘键同志阅稿修改手迹

用生命系住的胜利

1959年盛夏，我亲爱的战友——共产党员黄杏贤同志，冻死在新疆巴音布鲁克大草原的姜太勒米堤一等三角点（以下简称姜点）山脚下的小河旁。杏贤到山下补查点位不通视的工作。那一天，天山的雪受到太阳暴晒，大量的融水使小河水猛涨。虽然宿营的帐篷就搭在离他不到 8 米远的河对面，但水深湍急，无法过去。到了晚间他睡着了，这一睡竟永远没有醒过来。他戴着弟弟从南洋寄来的自动手表，那时间停在了 2h45m（2 时 45 分），也就是说在这个时刻，他的心脏停止了跳动。

噩耗传来，告知远在焉耆的副队长赵桂孝（健在），他赶回来带领我们全体观测组的成员就地开了个追悼会。大家满怀悲痛，热泪盈眶，气氛庄严肃穆。我对杏贤同志说："你安息吧，不管困难有多大，我一定率领全组同志，拿下姜点这只拦路虎，完成巴音布鲁克—库车一等三角点的全部任务。你放心地走吧……"告别了战友，我又踏上了征服姜点的征途。

姜太勒米堤点，海拔高度至少在 5500 米左右，具体数字记不清了，是巴音布鲁克草原周边的最高峰，常年披着银装直云端。在大草原的每一个角落都能看到它。哈尔克山和姜太勒米堤都属于天山，前者在东，后者位于西。姜太勒米堤就像是横卧在巴音菩鲁克大草原与库车县之间的一只雄狮。从草原至达坂（山垭）的比高不足 2000 米，有马道，是草原通往库车的必由之路，形象地说就是"狮背"。我们爬了一整天的山，帐篷搭在了雪线之下。

老战友阅稿修改手迹

"回"删除和"伤"添加为余新白修改，整句话为秦瑜添加，
深色笔迹为吴云华添加。另外，邵世坤根据记忆将河宽 8 米改为 10 米

塔里木盆地的胡杨

寒，那真叫一个寒，至今斗室提笔，我还觉得冷飕飕的。我的第二个挥之不去的感觉是组合式的：黄沙漫漫、朔风阵阵，人在骆驼背上终日口干舌燥、晃晃悠悠的感觉。那是怎样的塔克拉玛干大沙漠的 180 天啊……

话说观测组完成了巴音布鲁克一等三角基线网和周围的几个点观测任务后，翻越姜太勒米堤大坂，经天鹅湖到库车县，而后直奔皮山一等基线网实施观测。尽管给黄杏贤开追悼会时，等赵副队长来与司光员下山集中，以及追悼会后再将司光员派出去等，耽误了近一个月时间，但由于观测皮山基线网很顺利，不到 9 月月底已接近尾声。完成此任务，全年的工作也就结束了，即将收测回西安。然而，也就在此时，赵副大队长又来到观测组，下达了新任务。他对观测员兼组长的我说："沿塔里木盆地周边地带，经过计算验收，好多图形不闭合，要返工重测。返工重测的都是高钢标。上边催得紧，你必须给我完成任务。现我队都陆续收测返西安，大队部、中队部都已撤离，只留下你们一个观测组不好管理，我把你们组交给大地六队托管，行政上有什么困难，你找他们的队领导；技术上有什么困难，你找他们的队工程师何幼军，具体任务由他布置。究竟有几个点要返工重测，我也搞不清楚，等你这个点完成后，到喀什接受任务就知道了。"赵桂孝接着说："我要到民丰去一趟，组织他们另一组收测。"说完乘车就走了，走前还撂下了那句话："你必须给我完成任务。"赵桂孝是老八路出身，军人作风，说一不二，布置任务就是下铁命令，对此我已习惯了，但此次我心里还是不舒服：起码问一问有什么具体困难和想法也行吧，叫观测组有困难找大地六队的领导，我心想，这个副大队长我也会当。后来我听说，此任务之所以如此迫切要求完成，与1964年10月16日在罗布泊爆炸原子弹有关，直到那时，我才由不高兴转为自豪：原来我国第一颗原子弹试爆也有测绘健儿的一份功劳呀！

当年我不情愿接受这个任务，不是怕吃苦，主要是缺防寒装备，也由于观测组没有冬季作业经验。黄杏贤冻死在姜太勒米堤的三角点下，我和武海宽在姜太勒米堤一等三角扩大点观测，差点也就冻死了，那还是初夏，这是冬天啊。观测员在塔里木盆地周边观测被冻死的风险小一些，可是司光员必须爬到沿线的雪山上司光，防寒装备除了毛皮鞋、皮手套和军用皮帽子外，只有一件老羊皮大衣和一条狗皮褥子，这不是叫司光员白白牺牲吗？再冻死人，如何向组织交代呢？思前想后，我忧心忡忡，情绪十分低落。赵副队长的话，岂止给人家收测返家的高兴劲头上泼了一盆冰水，还向大家的怀里塞了一块冰。但这个任务还得接受。赵副队长走后两天，皮山基线网观测任务全部完成。我对祝良佐说：等司光站（在同事之间说司光站等同于说司光员）回来后，让他们注意少数民族政策，好好休息几天。我与武海宽去喀什领受任务，具体有多大的工作量，我也不知道，等我俩回来再说。

国家测绘总局第六大地测量队与新疆 125 石油勘探大队住在一个院内。我俩去后，受到六大队领导和主管全队业务的工程师何幼军的热情接待。何工给我俩周密地布置了任务。究竟多少点，我记不起来了，给我留下的印象是，比一个观测组一年的工作量还要大，且全是高钢标！我就有些恼火了：这么大的工作量，又是冬季作业，叫我们怎么完成呢？全是钢标的任务，我早就预料到了，赵桂孝也说了，因为钢标上观测是难啃的硬骨头，观测员都害怕。其原因：一是高钢标水准器不稳定，仪器的竖轴很难保持垂直，测得的成果极易超出限差的要求；二是在戈壁滩或沙漠上，在太阳的辐射下，大气极不稳定，致使其呈像在照准望远镜中不是一个司光点，而像一长串糖葫芦那样，上下一团火，且跳动得厉害，使观测员很难确定其中的观测中心；三是钢标随太阳照射强烈而定，形成钢标不规则的水平扭转（用偏扭观察镜观测就是如此）；四是超过三级风就不能观测了。有鉴于此，《细则》允许其重测数为50%，而一般的点，《细则》只允许重测小于30%，可见观测钢标难度之大。然而，恼火归恼火，我还是把任务接下来了。接受了，就得想办法去完成，自那以后，我的脑子就没有平静过。

往返用了4天时间，回到了皮山县城，大家热情地围拢过来问长问短，可是我始终高兴不起来。

当晚我就召开了小组动员会，毫不隐瞒地向大家汇报了此行的结果，列举了完成任务的种种困难。我说："最大的困难是防寒装备差，怕把你们冻死。再冻死一个，大家上有老下有小的，让我回去如何向你们的父母和妻小交代呀！如果真的死了谁，我也不回内地了，我要守候他一辈子，老死在新疆。"因为讲话没控制好情绪，说到这里我就哭了。几个同志眼圈也红了。就在这时候，平时最老实也最不爱讲话的吴传爱（健在）发言了，说："组长，你不要太难过，我们不会冻死的。我们一定会想出办法战胜种种困难，完成任务。"接着又有几个人发了言，大意都是：组长，你放心，我们不会冻死的，并提出来一些积极的建议。之后，气氛转暖，人家七嘴八舌地议论起战胜困难的具体办法。组长当下转忧为喜，顺口说出一首打油诗：

> 若问苦不苦？
>
> 想想长征两万五；
>
> 想到长征两万五，
>
> 再苦也不苦。

一个战前动员会，让我变成了诉苦会，一个诉苦会，让大家变成了如何战胜困难的献计献策会，最可喜的是，在会的尾声，又由献策会变成了向党宣誓保证完成任务的决心会。会前我压根没想到会有如此好的效果。同志们太可爱了，那个时代太可爱了。

要想不冻死，唯一的办法就是增加防寒装备。大家纷纷购买牛毛毡，比一条褥子还要大的毛毡才6元钱，毛衣、绒衣也不算贵，都在大家经济能力承受的范围内。防寒的第二个办法就是填饱肚子。没错，吃饱肚子也能防寒。1959年是三年困难的第一年，粮食定量，副食供应紧张，用棉籽油代替的食用油每人每月才0.4斤。而在南疆就没有多大变化，粮食虽定量，但副食供应充足，羊在生产队可以随便买。我一顿吃纯羊肉半斤馅儿大包子6个，才花1.2元。以上两个问题解决了，同志们情绪高昂。我对完成任务也充满了信心，但怕把战士冻死的顾虑始终在我脑中挥之不去。我暗下决心，一定要科学调度，把困难降到最低程度，完成任务，把大家都安全带回西安。

任务点不是成片的，而是相隔一个点或三个点甚至七八个点去重测返工点，这就给司光站调度和投影员投影带来了极大困难。特别是投影员，原来1个人就够用，现在得增加3人，分成两个小组，一组2人。可是观测组里只有1台投影仪，我借了大地六队1台蔡氏030仪器，这样，一组负责测前投影，一组负责测后投影，困难就不大了。最后，只剩下一个困难，那就是投影员没有帐篷，投影员属打游击岗位，通常和司光员在一起，可是进入此工期，司光员调动频繁，就不能保证投影员夜夜有处住了。而当地又买不到帐篷，只得厚着脸皮蹭驮夫的，他们有一顶

"人"字形小帐篷。

从皮山县到民丰县通汽车，一路顺风，仅测了 2 个点就到达民丰县城。从民丰东北行经且末县至若羌县这一段就没有正式公路了，但可以通汽车。然而，现实情况是，哪个单位也不敢放单车，因为一旦陷入沙漠里，就没有办法把它拖出来。所以，我决定让车回喀什，就地在民丰雇骆驼开始步行。在沙漠里工作就怕断水，1 峰工作骆驼，至少得有 2 峰骆驼为它驮水和草料，为此，观测组在当地政府的大力支持下，雇了 30 多峰骆驼，组建了连带驮夫在内的庞大的队伍。每峰骆驼每月租金为 50 元，这笔开销在当时确实不是小数目，由此也可想见此番决战塔里木盆地的重要性。

到了民丰天气就冷起来了，虽然还不到 10 月，但不带手套转动仪器会冻手指肚。测站的同志想买一个炉子烤火，但民丰县城买不到，我就给大地六队的领导拍了一份电报，要一个炉子烤火。没想到，回电说：没有这笔开支，无法报销。我顿时火冒三丈，回电称：你们在办公室里烤火可以报销，我们在外面挨冻却不能报销。天气太冷，我决定收测返西安。回电：邵你别急，我们想办法解决。没过几天，炉子和炉筒子就真的自喀什送来了。我暗自好笑：这领导也怕吓唬呢！其实不给解决炉子，测站从上到下也是会努力工作的，我当初说的是气头话。炉子果真是个好东西，有了它，就可以在帐篷里洗澡了。大地六队其实也有钱，不过那时的人都是呆板脑袋：买醋的钱绝对不能打酱油。

一切就绪，我一声令下，大部队分批向且末、若羌方向进发。不算驮夫，18 人的队伍有时得分成 7 处，在无人区各自为战，想想看，难到什么程度！沙漠戈壁与天相接，茫茫似海。走呀走，走呀走，按着既定的目标走……

在从民丰到若羌的约 500 公里长线中，返工了几个点，我已经忘了，只记得一路沿着阿尔金山山麓挺进。民丰县树木繁茂，越往且末县方向走，草木越稀疏，也越荒凉，但到了且末县城，景色大有改观，树木多了，也看到了清清的流水。在此地小憩两日，补充食物后，继续向若羌进发。时值晚秋，天冷得可以，不能在帐篷里洗澡了。沿线向西看，沙漠无垠。干燥的大风主宰着沙漠，风力聚沙高达 300 米，形成各种形状的沙丘，晴空下非常壮观。出了若羌，接近罗布泊地段，发生了一件至今令我难忘的事。

那一天才宿营，搭好帐篷，准备做饭，我就看到远方有一个庞然大物出现，一时看不清楚。这家伙像个屏障，长约 2 000 米，高约 1 000 米，像一刀切似的垂直挂在那里。好像后面有一种巨大的力，推着它缓缓地移来。近到 500 米，大家才看清楚是沙尘暴。整个沙尘在屏障上翻滚，地面上波浪涛天、石块横飞！

大家赶紧加固帐篷，把帐篷杆放倒，人随之钻进去。瞬间狂风大作，吼声震耳欲聋，半空沙石无情袭来。不到 10 分钟，飓风过去，钻出帐篷一看，一片狼藉，没来得及收拾的东西东倒西歪，遍地都是，盛着半桶水的铁桶被吹到 50 米之外。

驮夫清点骆驼，发现两峰骆驼被大风吹得无影无踪。天已经黑下来，只好明天找。还是驮夫厉害，在茫茫沙漠里找了两天，硬是把骆驼牵回来了，大家都很高兴。

后来，在塔里木盆地工作，同志们每月至少遇到两三场沙尘暴，但都不如上次那样猛：左右两边一刀切，上面一刀切，如同硕大无朋的银幕。后来的沙尘暴虽然小吧，但也是铺天盖地，人不仅得贴在地上，而且必须两个人臂挽臂，才不至于移位。

就这样，一路风风沙沙来到罗布泊。有一天，月亮当空挂，朦朦胧胧的，我坐在帐篷外的石头上，远看沙漠一垅一垅有规则地排列着消失在天边，与若羌地区完全是两种风格。万物停止了呼吸，大地一片宁静，思乡的心情油然升起。

我想到了东北老家，想到了我的父亲……

继之想到了苏联专家，想到了昔日手把手地传、帮、带，想到了师傅领进门，实践提高靠自己，想到了自己在以后日子里责任的重大……罗布泊的夜清冷异常，但一想到肩上的责任，我不禁热血激荡，手心都攥出了汗。

做好自己，做好组长，首先就是确保大漠行军按着既定目标走，而做到这一点并不容易，因为塔里木盆地处处都好像，常常单调得令人发呆。有一天，猛不丁就遇到了一股清泉，大家兴奋不已。大地滴水成冰，唯有这股清泉一滴一滴地流淌，是从大石头缝里流出来的。这些石头长得古怪，黑色的，大的有六七米，小的有三五米，有的像面包，有的像香肠，错落在一起。观察四周，似乎没有这些石头的存在条件，我想塔里木盆地过去可能是海洋，在几亿年的海底状态下，它才能形成如此怪异的样子吧。住了一夜，接了一桶水，凌晨又开始出发。

走呀走，走呀走，按既定目标走，终于走到了寻找的三角点——35米高的钢标下。该点共有5个观测方向，4个司光站早已通光，可是，等到第5天，还没见到由陆长科（健在）负责的第 5 个司光站送来的光，我心急如焚。种种令人不安的设想折磨着我，但我最终还是寻思不会发生恶性事故，因为驮夫都是当地政府为观测组物色的最有经验的且都来过此地的老手。由老手引领的司光员陆长科虽然也存在找不到点位的可能，但绝不至于陷入迷失方向的毁灭性灾难中。几天来，我不知爬上钢标远眺了多少回，终于有一次用望远镜一看，看到了几个物体在移动，是 4 峰骆驼在缓缓地向钢标走来。我就知道陆长科一行来了，司光站来了。于是，我大喊祝良佐：

"赶快给他们做饭！"

"给谁做饭呀？"

"司光站来了！"

祝良佐顿时明白了。

不到一个小时，流动的司光站真的到了。一见面，大家自然像久别的亲人。陆长科向我汇报："我们爬了几个山头，就是找不到点位。"我应答："找不到点位是正常现象，因为没有固定的识别标志，而选点员选定三角点时，画的标注着寻找点位的路线、方位以及水源等基本信息的草图——'点之记'又画得简略。在通常情况下，像这样难找的点，应该有确知点位的向导带路才行。你们能找到测站，实属不易。"陆长科说他们早就看到觇标了，实在没有办法了，才到这里来的。我把陆长科领上钢标，架起仪器，指向他要找的点位。说："你来看，这个点位就在远方大山的前面，左边有一座小山，你明天就直奔大山走，时常往后看觇标，纠正自己的方位，不要走得太偏就行。"陆长科用仪器观察了好长时间，牢记了山头的相关位置，才和我一同下标。吃饭前大家亲热得不得了，吃饭时大家依然亲热得不得了，吃完饭至睡前大家话更多。

我又让祝良佐烙了两张大饼给他们明天带上。

第二天天刚亮，陆长科一行就起程了。这小子豁出去了，直线 25 公里的边长，实际行程得 35 公里。他们在拼命，晚上就把光放过来了。观测开始！但观测越来越困难。时值 1960 年元月初，塔克拉玛干盆地冷得厉害。早在一两个月前，把胡杨根木块烧成炭火，运到标上来烤烤冻僵的手，能勉强拿下合格产品，但眼下不行了——仪器的竖轴冻得彻底转不动了。

枯死的胡杨根不仅解决了做饭的燃料问题，最主要的是满足了观测取暖的起码需要。大家十分敬重胡杨生命终结后的奉献。没有这个奉献，严冬测量任务是无法完成的。

　　胡杨一般生长在大沙丘间的小块平地上，或1棵，或三五棵，最多能见到七八棵，在湿地、河边及其附近地区成林。塔克拉玛干沙漠大沙丘无数，但胡杨很少；所以，大家在浩瀚的大漠长途跋涉，偶见英姿勃发、气势雄健的胡杨，莫不欣喜异常，为它的坚强感动；所以，每一个人都像爱自己的生命一样爱胡杨；所以，大家从不砍伐"生而一千年不死"的胡杨，也不打"死而一千年不倒"的胡杨的主意，只以"倒而一千年不朽"的胡杨为燃料。我不仅敬重胡杨，也赞赏骆驼草等植物的顽强生命力，途中偶遇骆驼草，时不时会跳下骆驼，围着骆驼草转一两圈，甚至用手碰碰叶茎上的刺。我虽然乐见骆驼吃骆驼草等植物，但走在路上以及住宿搭帐篷，从不踩压这些沙漠精灵。我一次次叮嘱担负燃料采集任务的驮夫：我们只烧倒地胡杨和倒地胡杨的根。由于前者数量有限，驮夫就深掘其根，开发地下燃料库。好在此物之根块头子很大，一块顶一块，收获也还够用。然而，从若羌北上，大家几乎没有见到胡杨，全靠驮夫去寻找。驮夫多在车尔臣河沿岸寻找枯死的胡杨，但队伍离车尔臣河越来越远，有时驮夫出去两三天才回来，令人欣慰的是4峰骆驼归来满载胡杨根。驮夫个个是好样的，再苦再累也按组长叮嘱的办，每个人的手掌都自虎口开裂，化脓流血，手背冻得像馒头，通亮。

1959 年年末，邵世坤率队在罗布泊附近

冻，那真叫一个冻。人们早晨攀高标若忘戴手套，手就会与钢标的三角铁粘在一起，哧的撕开，鲜血直流。

上述冻痛都硬挨过来了，但眼下仪器竖轴转不动了，如何是好？总不能给仪器烤火吧。

陆长科放过光来了……

陆长科放过光来了……

陆长科放过光来了……

为了这束光，我们厉兵秣马等了多久！气温一秒也不饶人，持续下降，越来越冷，我这个小小司令官一筹莫展。就在这时，好像有神仙前来指点，我脑子忽然开窍了：既然在帐篷里升起熊熊大火可以洗澡，那么把观测楼台全封闭起来，把炭火运进来，想来仪器肯定会转起来的。于是，我通知祝良佐："把司光站的光全部送掉，明天让他们下午4点准时放光。"

在从且末到若羌的路途中，"时值晚秋，天冷得可以，不能在帐篷里洗澡了"，是实情，但那是在炉子的常温情况下，一旦人想洗澡想急了，升起熊熊大火，即便在12月，也是可以洗的。

次日午后，我带头把自己的被子、褥子、牛毛毡、帆布统统运上观测楼台，围挡之，只留5个方向的观测空隙。《细则》规定，视线距离障碍物不能小于0.2米，这5个方向都留有0.2米的空间，偏扭观察镜还得留个洞，总共6个空隙。我与祝良佐、武海宽至少用了近两个小时，才将观测楼台全部封闭好，远看像个水塔。3点多钟，我把炭火盆运上去。随着温度上升，不必烤手了，4点钟开测，"塔"内温度达到5°以上，仪器果然正常旋转起来。这一天工作很顺利。第二天"照方抓药"，也很顺利。在我的印象中，同志们只用了 2 天时间就完成了该点的重测任务，大家好不欢喜。

你们说，胡杨的功劳大不大？叫人如何不爱胡杨呢？

我不仅深爱胡杨，也庆幸自己当初力争来的火炉子，做饭、取暖、烧炭烘测机三不误。

麻烦的是，晚上睡觉还得把铺盖全拆卸下来，搬回帐篷，重铺床入眠，第二天再运至观测楼台上，重新绑扎，如此循环至迁站。

从此以后，同志们快马加鞭，披荆斩棘，干劲越来越大，困难越来越小。只要不刮 3 级以上的风，两天观测 1 个点是没问题的。总体来看，观测没有用多少时间，大量时间消耗在司光站和投影员的长迁上，走竟成了主要工作。盆地边缘，群山围抱，白雪皑皑，零下 20 摄氏度左右的寒冬，司光员还得上山司光。经尉犁—库尔勒一路顺风，又测了三五个点，来到喀什，再往南行，就没有返工重测点了。如果图形闭合差合限，就可以收测了。司光站陆续回来了，投影员忙活了 5 天后才回来。我拿到归心图纸以后，即刻与何工还有一个参加进来的女同志对所测成果进行验收和计算。经过三角形闭合差的计算、极条件计算……结果是拼一个图形合一个图形，拼一个图形合一个图形，最终全部合乎《细则》要求。

至此，我才松一口气，大功告成了。

何工有些好奇地问我："其他观测员观测钢标，感觉非常困难，其重测数都在40%左右，有的观测员（此人尚健在）因测不下合格的产品，甚至抱着仪器痛哭，而你测的成果不但整齐，且重测数都在30%以内。你有什么窍门吗？"

我有些小得意地说："跟苏联老大哥学了一手。"

18个阶级弟兄都安全地回来了，18个阶级弟兄都安全地自皮山—民丰—且末—若羌—罗布泊—孔雀河—尉犁—库尔勒—喀什，绕塔里木盆地一大圈回来了！一块压在我心头的石头终于落地。在塔里木盆地这一大圈中，南北纵贯若羌—罗布泊—孔雀河—尉犁间的无人区，尤其险恶重重，九九八十一难，我至今犹记孔雀河下游末段至尉犁间胡杨下的那累累人骨，其中有些骨架完完整整，十分新鲜，令人毛骨悚然。18个土得不能再土的土八路终于创造性地战胜了塔里木盆地的整整一个严冬，南北纵贯风雪交加的无人区，沙海行程一万里，"满面尘灰烟火色，两鬓苍苍十指黑"地荣归目的地！塔里木盆地的胜利是全组同志学习红军团结苦战的胜利，是同心同甘苦的胜利，正所谓：同志同心，黄土变金；学习红军，变成铁军。

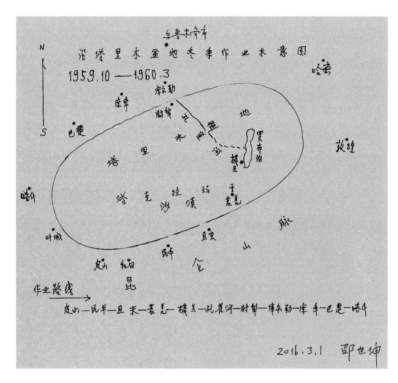

塔里木盆地作业路线图

我对武海宽说："咱们辛苦了一年，走前由大家出钱搞一次宴会，你意下如何？"武海宽表示赞同。我又说："对不愿出钱的，不搞强行摊派，我来掏腰包。"结果大家都举双手赞同。找了一个比较高档的汉族饭馆进餐。我对武海宽说："天上的龙肉，地下的驴肉，喀什盛产驴肉，驴肉的珍品是钱肉，你要多搞一点下酒。"武海宽说："知道了。"

宴会当然是在欢快愉悦的气氛中进行的，摆了两桌。久别重逢，同志们异常亲切兴奋。我想讲几句话，对大家表示慰问。我说："同志们，辛苦了。"话音刚落，大家就欢呼起来："不辛苦！不辛苦！组长辛苦！"本来我脑子里准备了几句漂亮台词，但经大家这么一喊，全喊没了。于是，我说："现在开宴，但酒不能多喝。"

大家边喝边说，摆起龙门阵来。与我一桌的李德善（健在）对大家说："有一天我骑在骆驼背上迁站，太阳光照射得暖洋洋的，屁股坐在骆驼背上，热乎乎的，晃来晃去睡熟了。结果骆驼失前蹄把我重重摔下来，一个狗抢屎，满嘴沙子，鼻子也蹭破了。由于带的水都冻成冰了，也没漱口，结果近一半沙子，让我咽到肚子里去了。哈哈哈哈！"他自己这么一笑，大家笑得更开心了。

还有一个司光员对我说："组长，我差一点被冻死了。点位离驻地较远，那一天，天刚亮，我就爬上点位给你司光，谁料想，直到晚上 10 点多你还没送光。我想坐下来休息一下，心里还念叨着可不能睡觉呀，谁知道就这么念念叨叨地迷糊了。一阵狂风夹杂着石沙向我打来，我突然惊醒了。我心里哗的一下亮亮堂堂全明白了，但四肢已经不听使唤了。我心想这不是等死吗？心里一急，出了一身冷汗。谁料想，这冷汗出得好，随后我就慢慢地能动了。于是，我爬起来，自己捡回了一条命。"

"这就是无巧不成书呀，"我说，"因为你效忠祖国，努力工作，感动了上苍，所以他才派风婆子把你叫醒。风婆子也考虑到你还有一个漂亮的老婆在日夜思念你，等你回去拥抱呢。回去抱得越紧越好。"

"去你的吧！"

哈哈哈哈！哈哈哈哈！哈哈哈哈！……两张桌子同时掀起了笑的高潮。

实际上这是一次风险很大的作业。脚严重冻伤的有4人，幸亏大家都采纳我推荐的土方，用雪不停地搓伤部，血液慢慢流通，才把脚保下来了。否则，若当时用热水泡，非截肢不可。

由于自秋入冬队员们不断添置御寒服装与铺盖，全小组的行李滚雪球般越滚越大，集合在一起，把大家都吓住了。大地六队的领导见状，破例派了两辆卡车为我们送行。我与六大队领导和何工一一握手惜别。卡车徐徐开动，他们一直把观测组送到单位大门口外。司机把我们自喀什一直送到甘肃柳园火车站。我们自柳园火车站坐火车回到西安的日期为 1960 年 3 月 15 日。这个日子我准确记得。因为整整一年前的 1959 年 3 月 15 日，我接到家父拍来的电报："你母病故速返"，下午就要出测赴新疆了，我知道请事假很难批准，只能掩泪赴边关。至今，我也没按有关规定去领安葬费。

西藏工作区

◇ 拉萨河畔民族情
◇ 林芝、林芝，淋漓尽致
◇ 藏南明月夜

拉萨河畔民族情

　　观测组于 1960 年 5 月 1 日从西安出发，进藏开展一等导线测量工作。临行前，测量人员又恢复了 1956 年中断的军衔制，我由少尉晋升为中尉。

　　首战青海省五道梁告捷，完成 4 座 12 米钢标和 5 座 5 米寻常标的建造。五道梁是进藏的咽喉，环境异常恶劣，人们叫它鬼门关。1956 年，中央派慰问团到拉萨慰问演出，一位年轻的女京剧演员因为气候不适，就长眠在这里了。我和祝良佐、吴云华（健在）等对高山反应也很不适应，呼吸困难，恶心呕吐，嘴唇干裂流血，睡眠不好。饮食本身就难以下咽，更何况当年没有高压锅，吃米饭需提前一天用水泡上米，即便如此，蒸出的米饭仍半生不熟。然而，在体力严重透支的状态下，观测组一天也没休息，仅用了 15 天的时间，就凭借着对党的测绘事业的忠诚，凭借着吃大苦、耐大劳的精神，完成了 9 座造标任务，这应当说是首创。

紧接着投入西藏当雄—羊八井—拉萨—林芝的一等导线测量工作。

从当雄—羊八井，一路还比较顺利，小组很快进入拉萨施测。在布达拉宫对面拉萨河的河套中间，有一个很小的河心岛，那里建造了一个一等导线点，它是拉萨—林芝一等导线点的其中一个。在河心岛工作了 5 天之久，因林芝方向山头总有雾，始终没测下该点。7 月盛夏，高山之雪融化，再加上中雨绵绵，河水猛涨，同志们即将断炊。没有船，又无法涉水过河。我想了一个办法，选择最窄的河段，将绳索抛向有人接应的对岸，两边拴上绳子，牵绳过河就安全多了。

牵绳拴好后，我准备过河。这时，藏族翻译小尼玛挺身而出，坚持要顶替我过河买粮。我不同意，小尼玛不懂水性，一旦出了问题，那就麻烦了；再说，我军还在边远地区追歼散匪，出逃的达赖喇嘛及其追随者不断散布谣言，蛊惑人心，其余毒并未清除，一旦小尼玛出了问题，很容易挑起民族事端，后果不堪设想。因此，我还是决定自己过河。我心想，即便我真的死了，为了民族的团结，为国捐躯，也是光荣的。于是，我对小尼玛说："你不懂水性，还是我下水吧。"

实际上，我身先士卒也是相信自己不遇到特殊情况是不会死的。信心源于我 13 岁就曾约几位同学，横渡鸭绿江，到朝鲜去偷西瓜、黄瓜吃的经历。其实，家里再穷，买廉价的瓜还是买得起的，当年横渡宽阔、水深流急的鸭绿江，纯属少年发狂贪玩。正因为如此，眼下拉萨河水再汹涌，我在战略上还是藐视它。但我当时也牢记着家父的教导，他经常对我讲："淹死的，都是会水的。"所以，这次过河，我做了充分的思想准备，还是蛮谨慎的。

谁料想，一下到水里，我的设想方案立即受到严峻考验。我根本就站不起来，强大的急流呼的一下就把我冲漂在水面上，幸亏我双手紧紧攥着绳索。第一回合我就挨了一闷棍。我不敢再轻敌了，双手紧握绳索，一点一点地挪移前进。到了河中间，绳索由于悬链线的作用力，加上人的体重，坠入水中，使我的双臂没入水中。如果绳索不耷拉下来，保持在水面之上，我会像当初设想的那样安全通过的。此处距离岸边约 4 米，水深约 5 米，强大的水流挤压过来，我已感觉攥不住绳索了，水的冲击力像泰山压顶一样，终于将我紧紧攥着绳索的手与绳索撕裂开来！实际上，不松手也不行，一个浪头把头打压入水里，呛得吃不消，才一松手，一股漩流几乎把我拖入河底。我奋力向上浮，实在憋不住了，喝了一大口水，但脑袋露出了水面。

胆大心细，遇事冷静不慌，是我战胜险情的法宝。

在冰冷的水中，我迅速平静下来，虽然身体像脱缰野马一样顺流而下，但心里在不断重复着"只要避开漩涡和大石头，就没有危险"这句话，大睁两眼，寻找着逃生机会。漂到 300 多米处，河床突宽，水流迟缓而平静，我一探底，脖子刚好露出水面，心想，这是脱险的最佳地理位置。再顺流往下一瞥，就看到浪涛冲天而起，云水大怒，不言而喻，那是巨石林立所在，命归苍天所在！生命警钟的重锤骤然敲响，一声一声又一声金属般传来，一凸一爆着我的太阳穴。紧要关头，我运足全身力气，深深地吸了一口气，一个猛子用蛙式潜泳，途中两次浮出水面换气，终于扼住了命运咽喉，爬上了岸。在河里虽然冰水刺骨，但尚可坚持，站在岸边，微风轻轻地抚摸着身躯，倒全身颤抖起来，牙齿不停地打架。但我心里却热乎乎的，一种欣慰和自豪感涌上心头：汹涌的拉萨河也难吞噬我的生命！

小尼玛本来就听我这个组长的话，通过这件事，更加敬爱我，工作积极主动，有时趁我不在，还偷洗我的脏衣服，亲如手足。我也一直把小尼玛当小弟弟看待。那年小尼玛才18岁。1960年七地大队调入16名藏族翻译，15男1女。1960年小尼玛分到了我们观测组；1961—1962年，达娃分到了我们观测组；1963年后，藏族翻译又统统被调回拉萨，后来的情况我就不清楚了。

1975年，我与国测一大队队友攀登珠穆朗玛峰，返程途经拉萨，我千方百计地打听小尼玛几个人的下落。我很想念他们。他们几个组员昔日经常到我这个组长的家里玩，因为我为人豪爽，没有架子，与大家处得都很好，达娃是其中的常客（小尼玛有些害羞，很少来）。功夫不负有心人，我终于找到了小尼玛。亲人相见，紧紧拥抱。小尼玛已是拉萨市交通局某处的处长了。我向小尼玛打听其他翻译的情况，答曰："都当官了。只是达娃文化程度较低（初小），是公路段的段长，不久前被送到成都民族学院深造，正在成都学习呢。其他人大都在拉萨市。"我就说："你赶快给我找来，咱们见上一面。"小尼玛答："你来的真不凑巧，大部分都下乡去了。"

"还有谁在拉萨呀？"

"还有四郎多吉和扎西在家。"

"他俩都是什么官呀？"

"四郎多吉是市工商银行的副行长，扎西是轻工业局的局长。"

"你赶紧给我叫来！"

电话一通，他俩不到半小时相继来到小尼玛家。13 年了，难得一见呀，那个热乎劲儿，难以言表。小尼玛夫人炒了 4 个菜，外加一锅手抓牦牛肉。开怀畅饮，美酒西凤加酥油茶，一杯又一杯。他仨都表达了这样的意思："我们回来不到 5 年，相继都被提拔当干部了。他们之所以进步得如此之快，得益于我们在大地七队所受到的教育。你们这些师傅教育我们怎样做人，怎样热爱自己的祖国，怎样加强民族团结。你们处处以身作则，吃大苦耐大劳，是我们永远学习的榜样。我们回来后，传承了这种精神，能和群众团结在一起，干起工作来认真负责、一丝不苟、任劳任怨，深得群众赞扬和领导的肯定，所以很快就被提拔了。"他们说得不错，的确，大地七队是一支铁军。1958年，国家测绘总局第二大地测量队（简称国测大地二队）分出了一半，成立了国家测绘总局第七大地测量队（简称国测大地七队，即大地七队），老国测大地二队与新国测大地七队同级并列；不久，又成立了青藏高原分局，大地七队划归其管辖。大地七队自组建之日起，就专啃硬骨头，我所在的大地七队三中队下辖的小组，啃的是硬骨头里的硬骨头。所以，我们观测组吃的苦是比较多的。16名藏族小翻译在大地七队这座最火红的熔炉里，得到了很好的锻炼，一个个成长为建设新中国大家园的人才。中国是一个多民族的国家，我们要真诚地团结，共建富强的国家。

林芝、林芝，淋漓尽致

西藏林芝地区多原始森林。松树足有二三十米之高，夏季雨水颇多，树枝上挂满了苔丝，走到树下，仰脸可见成群的猴子在追逐嬉闹。林芝是个好地方。

1960 年 8 月初，测站迁站来到此地，住在某连队的营房里。刘连长是山东蒙阴人，我是沂水的，老乡见老乡，非常亲热。一个一等导线点就建在连队的对面山上，参天大树遮住了太阳，树下藤草横生，其制高点暨导线点与山下的比高至少有 2 500 米。身为组长的我决定轻装攀行突击，拿下该点。藏族翻译小尼玛出面雇了 5 位藏族民工，我和吴云华、祝良佐、小尼玛与雇工一同吃完早饭，开始登山。山势陡峭，9 人背的最重的是帐篷，约 30 公斤，由两人轮着背。深山老林中，突击小分队披荆斩棘，勇猛攀登。

随着海拔高度的不断增加，松树逐渐变矮变小，眺望顶峰，小树逐渐成了灌木丛。六七个小时后，大家已爬到距离灌木丛很近处，但此时突然降雨，且越下越大，民工扔下东西就要下山。小尼玛再三挽留恳求："离点位只有百米了，你们鼓鼓劲把我们送上去吧。"

但民工们听不进去，连工钱也不要，掉头就跑了（事后我还是将工钱让小尼玛给他们送去了）。我想，强扭的瓜不甜，所以也就听任民工离去。其实，我当时心里还有考虑：离点已经很近了，我们就是裹足不前，住在原地，只要明天天晴，把淋湿的东西晒干，也不会影响工作。

雨依旧哗哗哗地下着，大家恨不能立马找个地方把帐篷搭起来，但周边小树长得密密麻麻，再往上约50米，就是灌木丛，灌木也长得密密麻麻，山的坡度又大，没有搭帐篷的地方。最后，我好不容易找到了比八仙桌大些的平窝窝，4个人8只手赶紧把帐篷打开，先把东西往里塞，然后努力排除小树枝压顶的妨碍，用半截子帐篷杆把帐篷顶起一个很小的空间，人随之一头拱进去。衣服全湿了，大家都冻得全身发抖，麻利地把衣服脱下来拧干，把行李布打开，拿出皮大衣穿上，再凭着年轻人的火气足、元气旺，才止住了抖。就着雨水，狼吞虎咽吃了几块饼，两人一组背靠背、肩并肩坐了一夜。

天亮了，雨依旧哗哗哗下着。

我暗暗叫苦：如果遇上连雨天就糟糕了，它将使大家刚刚扛过去的困、饿、冻、乏、苦毫无意义，但不幸的是，遭遇的看来就是连雨天。于是，我下令下山。大家都很高兴，又把打湿的衣服穿上，把贵重装备隐藏起来，飞速下山。回到连部，司机（观测组有一辆车）王青春看到我们个个都像落汤鸡，就赶紧生火为大家烤衣服。刘连长也来看测量员，笑呵呵地说："我们剿匪也很辛苦，但还没有像你们这个狼狈样子，活像婆娘洗的尿布，刚捞出水面，还没拧的样子。"比喻源自山东土话，形象、亲切。紧接着老乡通知炊事班给测量员做饭。我们七手八脚地把衣服烤干后就进餐。每人1罐500克的大肉罐头，我们4人就呼呼呼一浪高过一浪吃起来。1罐1斤重的罐头，脱水洋葱炒鸡蛋（来自鸡蛋粉），还有份蔬菜。罐头漂浮着至少1厘米厚的大油，我把它扣在碗里，与大米饭一搅拌，三五口就全填进肚里了。

晚上，除我外，3个登山突击者都发起烧来，且越来越重。夜深了，我也不好意思麻烦刘连长，一直抗到第二天早饭前，我找到刘连长说，我们3个小伙子都感冒了，可否让卫生员给我们看看？老乡二话没说，就把卫生员给叫来了。一量体温，都在38℃以上。于是，又打针又服药，到了傍晚，3个小伙子都基本退烧了。翌日，我看他仨都无精打采的样子，就心痛地未敢吭气说爬山工作的事，休息了一天。

次日，天逐渐晴朗起来，我征求他仨的意见：你们身体行不行？不行，咱就再住上一天，身体是革命的本钱呀。他仨几乎同声说：

"没问题!"

我兴奋地找到刘连长，请求他派 5 名战士送测站人员上山。刘连长派了个班长，记得姓邝，带上 4 名战士就随测站人员出发了。因为这次没有负重，又都是士气高昂的小伙子，仅用了 5 个多小时就到达上次存帐篷的地方。休息片刻又出发，大家把湿淋淋的帐篷卷成一个长条，一个粗壮的战士抗到肩上，就往山顶爬。我们一行 9 个人越过灌木丛，爬过只长小草的地带，到达了点位。点位建在"鱼脊梁"上，压根无地搭帐篷。这可怎么办？我仔细观察天气：天高云淡，雾在徐徐移动，小风劲吹，雾气上升，天有晴的可能。但究竟晴否，我心里也没底，我想冒一次险，和老天爷抗衡一次。主意已定，心里就说：老天爷，你真不够意思，你把我们 4 个壮汉冻感冒了 3 个，你还敢发威吗？这回，你雨下得再大，我也不怕你！于是，我下令把帐篷被子等物品都背下去，只留下观测装备，以及 3 件皮大衣和吃的东西，叫小尼玛随邝班长及 4 个战士一同撤回。

奇妙的是，这一斗狠，还真使老天爷让步了，当天下午及晚上，我测了 2 个光段。晚上我们仨找了个大石头避风，生起篝火把罐头午餐肉等一热，大饼一烤，2 个助手就迫不及待地吃起来。临行前，我悄悄向老乡要了一瓶山西汾酒抗寒，此时打开酒瓶盖，与战友分享，战友不喝，我爽性吹了喇叭！美极了。这在当年是饥肠辘辘的城里人难享受的生活呀！

我们仨又蹲了一夜。

清晨起来，万里无云，只有几朵白云在山腰游动，所有山头都清晰可见。很快又测下 1 个光段，水平角观测结束了。等到 11 点测完垂直角，我们仨就轻松愉快地下山了。

晚饭后，我到连部向连首长辞行。孙指导员和刘连长都在。我真诚地致谢后，说明天我们就要走了。

刘连长说："不要走了。我们二排刚剿匪回来，好长时间没改善生活了，明天连队要改善一次。你们那 3 个战士（测量员都是部队编制，穿着军装），我看还没缓过劲儿来，看上去都蔫了吧唧的，就是你小子还能行，给你个大姑娘让你背 5 公里，你还舍不得放下呢。哈哈哈哈！明天吃完饭再走，我还有事要求你呢。"

孙指导员接着说："明天我要召集全连的同志讲话，一方面庆祝二排剿匪胜利归来；另一方面，我要号召同志们向你们学习，你们才是吃大苦耐大劳的典范呢。部队需要这样的思想教育，希望你在会上给我们的战士讲几句话，支持部队的思想建设，可以吗？你回来之前我就与老刘商量过，已定了的。"

我一看这阵势，顿时明白老乡求我之事，不可以也得可以，就干脆答应下来。

第二天，一切按计划执行。饭前孙指导员讲了话，号召要向测量人员学习。随后，我至少讲了10分钟的话，主要内容是怎样忠于祖国、热爱人民，以一不怕苦二不怕死的精神完成测量任务，得到了热烈的掌声。

宴会开始了，菜肴是丰盛的，只是每个班只发一瓶山西汾酒。指导员不敢喝酒，怕有应急任务，刘连长陪着测站一行5人（算上司机）喝酒，宴会在亲切热烈的气氛中进行。大家都没有喝多。那一夜，我很快进入梦乡，睡得很踏实，把蹲山头的几夜困彻底补回来了。第二天早餐后，我们5人与刘连长及部分战士一一握手告别，踏上新的征程。

事情已过去50多年了，但主要情节我仍然记忆犹新，那是因为该观测点的确把他们整得够呛，幸亏我遇到了一个军人好乡党，大力支持观测工作，化困难为顺利，我怎能忘记呢？

林芝、林芝，大雨把人浇得淋漓尽致。

藏南明月夜

我团结全组同志，克服种种困难，于 9 月底前完成了全年的测量任务，全组同志高高兴兴地准备返西安。就在这当口，三中队支部书记纪书章找我谈话说："你们组今年任务完成得很好，本来让你们早些回西安的，但中队个别组工作进展缓慢，今年很难完成计划，所以中队研究决定，你与姚维刚（健在）组再增加一条导线观测任务。你意下如何?"我说："行。"

新增加的作业点位于珠穆朗玛峰北缘，与尼泊尔接壤。确切地说，是日喀则—拉孜县—定日县的协戈尔（紧邻聂拉木县）一带的一等导线观测。纪支书对我说："那里的治安情况很不好，详情你到日喀则工委和公署了解。必须配备武装，以保卫你们的安全，具体事宜你到林芝军分区去联系。至于工作任务，中队长隋连斌（1960 年的中队长）会具体布置的。"

由于观测成果重要，工期又紧，第二天，我乘青藏高原分局第七大地测量队党委书记郭家泰的吉普车，派头十足地前往林芝军分区。接待我的是军区参谋长，姓啥忘了，只记得他1.8米左右，并不厚实，有三分书生气，但长得英俊且军人气质十足，年龄40岁左右，上校军衔。来者虽然是个小小的中尉，但不怯场。我道明来意，请求支援。参谋长说："邵同志，你想要什么？请开口。"

我说："我们测站只有6个人，我用的是54式手枪，司机没有枪，他们4个人只有2支老的没牙的步枪，加上2支美式卡宾枪。我想将步枪换成仿苏43式冲锋枪，好与我的手枪了弹通用（54式手枪与苏式43式冲锋枪都是7.62毫米口径）。另外，你再派1个班的兵力，协助我们工作，就可以了。"

他笑了，问："你是测量员，还懂得军事？"

我很"有力"地回答："在军校学习测量时，上过枪支使用和弹道学等几节课。因此，略知一二。"

参谋长思忖片刻，说："我看这样吧，我这里兵力也不足，大部分战士都到外边去围剿散匪了。我给你派4名战士，每人配备43式冲锋枪1支和4个手榴弹，外加1挺轻机枪，由1个副排长带领，配合你们的工作。其火力实际就几乎等于 1 个加强排了。你们是以预防为主，且在公路两旁作业，遇到大股残匪的机会极小。较正规的残匪都用的是从英国进口的可装 10 发子弹的步枪，也有机枪，武器虽然很先进，但与我们相比，还是差了些，在山地作战，我们还用 82 迫击炮呢。至于其他治安情况，你可到日喀则工委去了解，我这里所掌握的情况没有他们多。你意下如何？"

我回答道："可以，谢谢你了。"

参谋长说："都是自己人，不必客气。"

次日，我与参谋长挥手告别，带上张副排长和 4 名战士回到拉萨。紧接着就是整理行装、补充给养，汇集了司光站人员等，乘苏式嘎斯卡车，1 车 16 人，不日来到日喀则。我到工委找到王秘书，呵，是个高大排场如满月的女人，上海人，文雅大方又利落。她详细地介绍了有关情况，大意是：你们去的地方正是被我军打散了的达赖喇嘛的部队，大约有 200 人，流窜在定日县协戈尔以南地区。配备全新英式步枪，每人至少有 1 匹战马，机动性强，且战斗力也很强。那里有 1 座尼姑庙是他们的情报站，以此为据点，伺机反扑扰民。一般他们很少在公路两旁活动，害怕与我们大部队交战，尽往山沟沟里窜。你们都在公路两侧作业，这就是一个有利条件，但要时刻保持警惕，千万不可麻痹大意。

情况了解得很清楚了，观测组很快投入作业。经过几个导线点的观测后，也没有发现什么异常情况。迁往下一个观测点，公路的南边是平展展的草原，草原一直延伸至十几公里外，与山麓相连。北边是连绵不断的小丘陵，一般比高都小于 20 米。观测组依山在小河边扎寨。10 月中旬的藏南，若晴天并不寒冷，大片的青草才泛黄，却好像已处于心满意足的休眠状态。清清的小河流水，激起层层浪花，有节奏地拍打着河床两岸，听起来犹如轻音乐。成群的野鸽子在蓝天自由飞翔，有几只胆大的野鸽子居然在帐篷周围觅食，呈现出一派安宁和谐的美好景象。

翌日，天气特别晴朗，远山尽收眼底。忽然，我隐隐约约看到南山根有动静，我不相信自己的肉眼，于是拿起望远镜瞭望。呵！把我吓了一跳，山麓下，叛匪一线排开，正在奋力地挖战壕呢！我随即告诉张副排长要加强警戒。到了下午两三点钟，一位牦牛放牧者骑着马赶着 5 头牦牛，向观测组两顶帐篷走来。我当即告诉张副排长把所有枪支都隐藏起来。不到半小时，藏族牦牛汉子就到了帐篷跟前下了马。主客相互客气地致意："扎西得勒"。来者贼溜溜地把四周环境打量了一番，围着两顶帐篷转了一圈，并貌似不经意地掀开帐篷门帘子看了看。由于言语不通，我们无法问他看什么，他也只是笑了笑，装着若无其事的样子，骑着马继续放牛去了。

我对张副排长讲，这个家伙可能是个侦探。张副排长也认为来者不善。到了下午5点多，观测工作完毕。饭后，太阳下山，我召开了全体人员会议，说今晚可能叛匪来偷袭。于是，把自己与张副排长研究的部署告诉大家。特别强调把帐篷里的贵重物品搬出来隐藏好，防止叛匪火攻；把铺盖卷都扛到我与张副排长选择的两个火力点的小山包上，今夜在山包上睡觉。夜间不准大声说话，有事用手电筒，用规定的方式、按规定的信号联系。我强调：大家千万不要忘记，没有我的命令，是绝对不能开枪的。最后我问大家都听懂了没有？众口齐答："听懂了！"于是我下达命令："赶紧行动！"所有人员七手八脚地忙碌起来，不到一小时的时间，两顶帐篷就都成了空城，布设完毕，大家进入阵地。

我在军事上充分听取张副排长的意见，但决定全体人员的行动权在我。观测组所有成员都是军人，我是中尉，张副排长是少尉。

　　东山包的火力网由张副排长率领 4 名战士执 1 挺轻机枪、4 支冲锋枪构成；西山包的火力网由我、武海宽、祝良佐、赵飞、王永生和司机王青春共 1 支手枪 2 支步枪 2 支卡宾枪构成。以帐篷为三角形的顶点，两底角就是火力点，相距 50 多米，基本上是个等边三角形，成掎角之势。由于距公路 100 多米，如果叛匪奔两顶帐篷而来，必然经过两个火力点之间山包下的通道，其射程就不足 30 米了，叛匪一旦进入伏击圈，将被瓮中捉鳖，全部包饺子。正因为如此，西山包的火力点弱一些也没问题；再者说了，张副排长领惯了 4 名战士，不与军测人员混搭，更有战斗力。

　　记得那是即将满月的月亮，好亮好亮。苍茫大地浮着一层若隐若现、似有还无的青霭。夜的轻翼悄然飞翔，在青霭之上拉出一道痕迹：静……

　　山下、山坡全是半尺高的草，山头平平的，可以睡安稳觉。前半夜，祝良佐、武海宽、王永生和王青春睡觉，我与赵飞负责警戒。伏在厚厚软软香香的草丛中，守着寂静的明月，生性野得可以的我有那么一刻思绪如平原跑马、大江行舟。这是我自进藏以来貌似最悠闲、最舒适的一次工作，不，也是我测量生涯貌似最悠闲、最舒适的一次工作。50 多年后的今天，我觉得朱自清《荷塘月色》里的那一段好像写的是当时的我——

　　这一片天地好像是我的；我也像超出了平常的自己，到了另一个世界里。我爱热闹，也爱宁静；爱群居，也爱独处。像今晚上，一个人在这苍茫的月下，什么都可以想，什么都可以不想，便觉是个自由的人。白天里一定要做的事，一定要说的话，现在都可不理。这是独处的妙处，我且受用这无边的荷香月色好了。

邵世坤　1956 年摄于长沙

　　青霭像音乐，像诗，像泉水，像家乡，像美女……"有'期'不来过夜半，闲'数星星'落'银河'"（套用宋诗"有约不来过夜半，闲敲棋子落灯花"）。我倏忽间想到了自己 1956 年在湖南省会某商场，及时出援手，协助苏联姑娘娜莎与商场营业员

通话购物的场景。那段时间，我被借调到位于长沙市的总
参大地二队辅导新兵进行测量成果的验收和计算。娜莎的
父亲是援华专家，她就是来长沙探望父亲的。我的大方热
情以及会说俄语都给娜莎留下了深刻印象，而俄罗斯姑娘
作为援华专家之女本身就使我对之产生好感，何况眼前的
异性真的是既纯真又美丽动人呢。于是，工作之余，我
就和俄罗斯姑娘相约看电影、逛公园，成了她的义务翻
译。人生啊，人生，自己两年前，在河南郑州曾对苏联
专家伊万诺夫中尉瞎掰过什么呢？"你们俄罗斯姑娘长得
才美丽动人呀，金发随风飘荡，一双大大的蓝色眼睛，
勾得人神魂颠倒。"然而，我当时并没有"神魂颠倒"，
尽管我有一千条一万条理由"神魂颠倒"。话虽如此说，
可两人间的事儿还向前发展着，娜莎的父亲，这位在当
地冶金口援华的专家，有一天在长沙市交际处餐厅请自
己女儿的"义务翻译"吃饭……就在我俩感情自然而又
清纯地进一步发展的当口，我倒有些犯愁了，自己是军
人，临时抽调到长沙，业务担子蛮重，私下里做这事，
可能不合适吧？再者说了，日后一个荒山野岭疯不着家
的中国男人和洋妞结婚是不是也太离谱？家乡父老怎么
看？战友怎么看？自己的日子又怎么安排？如此这般，

思来想去，长白山哺育长大的我终于一连几脚慢刹车，中断了与娜莎的来往，留下了对伏尔加河畔美女的无尽思念。一切都发生在共和国的那个年轻的夏季，云端里，永远穿着布拉吉的美丽的娜莎！辛弃疾在《贺新郎》中是这样说的："我见青山多妩媚，料青山、见我应如是。"人生啊，人生，"情与貌，略相似"的多着呢，可是谁和谁最终能走到一起呢？

"观古今于须臾，抚四海于一瞬。"但无论怎么天马行空，只要回望那一晚的焦点——正唱着空城计的帐篷，我总会立即意识到肩负的责任，并从中感受到温暖，汲取到力量，精神为之振作，斗志为之昂扬。正因为如此，我眼下写到这里，不禁想起自己调到国测一大队后结识的年轻战友路冠陆（健在）近年写的名为《帐篷，悬挂在高原上的灯笼》的诗篇。

帐篷，悬挂在高原上的灯笼，
燃烧的是测绘队员火一般的热情，
当乌云遮去繁星的时候，
你像北斗一样，为跋涉者指点着艰难的航程。
啊！帐篷！

不论在戈壁沙漠，

还是在雪山冰峰，

有你的身影，

便有那力量的源泉、事业的成功。

帐篷，悬挂在高原上的灯笼，

闪耀着测绘队员对祖国母亲的衷情，

当我们欢呼胜利的时候，

你像一道彩虹，为祖国献上了赤热的忠诚。

啊！帐篷！

不论在沼泽湖畔，

还是在崇山峻岭，

有你的身影，

便有那人民的重托，母亲的笑容。

啊！帐篷，永不熄灭的灯笼！

月亮已近中天，天边的星星在闪烁，大地早已进入梦乡。藏南平畴沃野的晚秋明月夜，草原诉说着远山美，远山诉说着天籁美。清清凉凉的野草香空气滋润着人的精神。大自然如此，然而，人，要命的人即将悄悄来到。赵飞对我说："组长，都半夜了，土匪不会来了吧？"我说："你先睡一下，下一个就轮到你放哨了。"我边说边拿着望远镜专注地瞭望。

过了半小时，我悠忽看到有东西在移动，随着时间的推移，目标越来越清楚，一共是12匹马向我方跑来。我赶紧给张副排长发信号，对方的手电筒回闪了三下，表示知道了。于是我把大家从被窝里推醒，准备战斗。

又过了不足半小时，叛匪已逼近公路，远在路南就下了马。令人惊异的是，马儿们训练有素，一字形排开，都静静地站在那里，谁也不低头啃草，一派"御林军"气势。有那么十几秒钟吧，12个偷袭者下马轻步一直走到两个火力点之间的通道上，在距离山包约50米处停了下来。嘿，全是英式步枪，在月光的照耀下，枪筒幽幽地泛着光，好似霜冻野地里的狼眼睛，又像草原夏夜河水泛起的诡谲波光。叛匪在伏击圈内，这时我若下令开枪，12个叛匪将当即毙命，10秒钟就解决战斗！但我没有这样做。

两个叛匪离开队伍蹑手蹑脚地猫着腰向50米开外的帐篷摸去。谁说风高放火天，月黑杀人夜？谁说风清花好月又圆，良辰美景奈何天？

一双又一双眼睛丈量着这两个人的脚步，我方的人，敌方的人，以及这两个人的坐骑乃至与其为伍的那 10 匹马，更有多少说不清的被惊扰了的野生动物。

我相信，来犯者确系达赖喇嘛的"精锐部队"，而且是训练有素的尖刀班，至于眼下这两个打头阵的家伙嘛，我相信是尖刀班的人尖子。正因为如此，我眼下想起来，当时，除了现场的眼睛外，已逃至印度达兰莎拉的达赖喇嘛集团的上层分子，也操着心呢，他们躺在松软的卡垫上，边呷着酥油茶，边睁大眼睛守望着收报机；岂止如此，大洋彼岸的帝国主义分子们也边听着靡靡之音，边眼巴巴地盼着收报机里传来嘀嘀嘀的捷报声呢。

但见两个狗贼靠近两顶帐篷，一人把着一顶帐篷，几乎同时掀起两顶帐篷的门帘，蹲下去观察，不一会儿就退回来了，然后转身拼命往回跑。

他俩猴精！

他俩知道中计了！

后面的 10 人见势不妙，纷纷向战马奔去，头与尾拉开十几米。匪徒们跨上战马，扬鞭打马飞驰而去。当最后一个匪徒跨上马时，逃回来的两个狗贼距出发点也就七八米了。有两匹马伫立原地，须臾，大地一片苍茫，复归平静。这是"精锐部队"吗？这是黄油面包保障供给的"精锐部队"吗？"狮子般的凶恶、狐狸般的狡猾、兔子般的怯懦……"美丽的祖国，自有勇敢的人民保卫。叛匪再有新老帝国主义撑腰，再有冠冕堂皇的作乱理由，毕竟心虚。正义战胜邪恶是必然的。月色溶溶，青霭蒙蒙。子夜睡熟的荒原袒露出了最美的景色，丝丝缕缕的百草幽香点缀着秋虫的轻声细语。同志们撤点回帐篷睡觉去了。一路上，我这样想，战友们可能也这样想吧。我之所以在全过程中没下令开枪，是贯彻上级指示，尽可能地避免与叛匪正面交锋，要善于保护自己。当时我下令把12个叛匪都打死，叛匪同伙很可能会反扑报复，如果如此，我们生还的希望就渺茫了。死，我倒不怕，只是觉得没完成党交给的测量任务就死了，并不光彩。

这股叛匪不断扰民，后来听说咱们增派部队去围剿。不过还好，观测组始终没有遇到大的麻烦，只是在一次阻止散匪过桥的战斗中，战友王耀庭受了轻伤。

我组与姚维刚组新增任务于11月中旬都完成了。前者自定日县撤离途中，用4块茶砖等价交换了两只羊，路过日喀则，由工委招待所厨师帮忙，宰羊办席，摆了4桌，以庆贺任务完成并答谢日喀则工委及公署。观测组打日喀则以西来，而林芝军分区远在日喀则以东，无法答谢参谋长，我难免遗憾，好在张副排长一行可以代表。翌日，苏式嘎斯63加大油门，向收测回西安的中转站拉萨进发，张副排长及4位战士与我们同行，他们将过境拉萨，回归林芝军分区。怀着完成任务的喜悦，同志们一路歌声笑语不断。

四川、青海工作区（上）

走过饥饿

1961 年和 1962 年两年，我带领同事在四川的甘孜至青海的果洛地区进行一等三角测量的观测工作。

观测工作中的主要困难如下：

（1）进行一等三角观测，其点位都在 4 500 米～6 000 米。高寒缺氧，没有食欲，睡觉似睡非睡，体质明显减弱。

（2）个人装备只有一件羊皮大衣、一条狗皮褥子，以及皮帽子、兔毛皮手套和军用水壶等。没有行军床，有时只能睡在冰雪里，早晨起来，屁股及双肩能拓下印迹。

（3）帐篷为6人军用帐篷，重达六七十斤。遇到山势险恶的点位，帐篷运不上去。观测员和记簿员只能露宿山头，寒夜不敢睡觉，睡着就很容易被冻死。

（4）交通不便，比在西藏困难得多。在西藏进行一等导线测量，所有导线点是沿公路两侧布设的，运输工具是汽车；在川西—果洛地区，连县级公路都很少，迁站完全靠牦牛完成，而牦牛超过海拔5 000米，也就不愿意爬了。因此，只能靠人力搬运装备。但该地区人烟稀少，雇不到人，只能自己背。

（5）牧民大多在海拔2 000米~4 000米放牧生活，而观测组是在海拔4 500米以上工作，有困难得不到群众的帮助；夏季在海拔4 000米~4 500米虽也有牧民放牧，但牧民只是单身一人，自顾不暇，何谈帮助我们。

（6）在个别情况下，会受到野生动物和土匪的袭击。

（7）进入10月，天气寒冷，无法洗澡，身上长满虱子。

然而，最大的困难是饥饿。正值国家三年困难时期，主食标准供应是每月39斤糌粑面，1斤酥油。地方政府照顾测量人员，特许大米白面与糌粑参半，副食基本没有。

曾记得每年可从西安买几斤海带、大咸菜和十几斤高价腊肉，这就是全年的副食了。1960年，测量员算作军人，又在西藏工作，吃得美美饱饱的，1961年，刚一"复原"取消军衔制，突然就过"限量版"生活，还真觉得反差大，难适应。

大雪覆盖大地，柴难找，吃饭成了问题。找到柴，没有高压锅，水烧到70多度就开锅，米饭、馒头蒸不熟。全年以烙饼为主，虽然也不熟，但比吃夹生米饭要好些。

要想工作，就得解决饥饿这个最大的难题，否则根本无力爬上空气稀薄的高山。五月份的甘孜地区，3 000米以上的高山积雪并没有融化。林立的山峰与天际接壤，白雪皑皑，一望无际，但山沟里已长出小草。为了解决温饱问题，我就抽空组织大家挖野菜、找副食。野菜有三种：一是已长出巴掌高的野菠菜，二是野葱，还有就是从牛粪堆上长出来的蘑菇。副食嘛，就是老鼠洞里的蕨麻。蕨麻也叫人参果，淀粉含量特高，还有点甜味（近年西安有卖的）。青海的老鼠很怪，不长尾巴。为了过冬，它们在下雪前就储备了大量的蕨麻，挖一个鼠洞最多可收获5斤。春天就不行了，同志们挖十几个鼠洞，碰巧的也只不过斤余蕨麻。一日三餐，上午、中午吃干的，吃个八成饱，晚上就是野菠菜、蕨麻、糌粑面加上一点盐，名曰"人参粥"。大家吃得都很香，都想多喝几碗，把肚皮撑舒坦一点，但喝多了，晚上老小解，影响睡眠，所以不敢多喝，实际晚餐连个半饱也达不到，肚子咕噜咕噜直叫唤。饿归饿，白天跑路太疲劳，也就糊里糊涂地睡着了。

春天日子比较好过，因为观测组从西安带来些副食，再挖些野菜，晚上这一餐，用野菜煮稀饭可以填饱肚子。总的来说，几乎没有饿肚子。夏天的日子更好过，迁站路过牧场，可以买到少量的牛奶，甚至酥油。酥油很少，几家凑在一起也不会超过1公斤，牧民告诉我们，他们有任务，得上交销售给国家。可以多买一些茄拉（奶干），但奶干又不能多吃，吃多了大便不通。我就吃过苦头，几天大便不下，只好用手抠。而牧民在吃奶干的同时，饱喝酥油茶，所以不存在问题。另外，到了那个季节，羊已长膘，班玛县县委米书记虽然是行政13级干部，但没有架子，知道同志们很辛苦，批给观测组每月一只羊及其他副食。这一只羊哪里够呢，全组18人，再给各司光站送些，测站留的是很少的。后来我派人到邻近的色达、久治等县再买一点，这样观测组至少每月能吃上两只羊，再到老鼠洞里掏点蕨麻，就不再饿肚子了，干劲倍增。10月以前的日子也凑合，再往后就吃不饱了。11月中旬以后的日子就难熬了，主要还是粮食和副食供应不足，导致抗寒能力差。到乡或公社找干部批点羊肉，数量很少，他们也是强调有上交销售任务。要想保证冬季作业质量，就必须解决肚子问题，不得已，我想到狩猎旱獭。

打野兔不易，打旱獭更难。狡兔三窟，旱獭之窟多过三个不说，且比野兔还狡猾。它爬出洞，两只后腿站起来四处瞭望，确认没有什么敌害，才跑出十米开外的地方啃草，如果你一枪放空，它就闪电般钻进洞穴，个把小时也不出来。旱獭是牧区的有害动物，与牛羊争草。可是牧民不敢吃，说有传染鼠疫的可能，因此无人猎之。捕杀旱獭的唯一办法是守株待兔。山上没有，只有牧区附近才有。寒冬里，我忙里偷闲，用过早餐，带点干粮和一块帆布，背上卡宾枪，满怀希望下山而去。找到旱獭洞，隐蔽起来，铺上帆布，卧下来"守株待兔"。一般等30分钟到1个小时，它才出来。再等到它吃草，我就瞄准其头部射击，大部分情况百发百中，也有偏一点的时候，负伤者就艰难地向洞里跑去。我一跃而起——追，就在它将入洞的那一瞬间，一把攥住其一只后腿，将其拎起！哎哟，天哪，好肥呀！

旱獭先生啊，你不能不够意思呀。我们多少同志饥寒交迫大干社会主义，你穿得这么暖和，吃得肥头大耳，整天只想钻到洞里睡大觉，怎么能行呢？你难道不知道《钢铁是怎样炼成的》中的"保尔"吗？你若比不上"保尔"，退一步，望眼草长莺飞的鄱阳湖畔，也应该向美丽的舞女好好学习吧。人家为了测绘大业，团结专家，主动请缨，嘭嚓、嘭嚓声中显身手；你呢，不说主动了，找上门了，还要当"流星"。你呀你，肥丢丢的旱獭先生。

猎人也有当孙子的时候，那是被老天爷整的——如果恭候时间太长，旱獭仍不给面子，恭候者就会被冻得浑身发抖，更惨的是，此时即便旱獭出洞，猎人的射击强项也会发挥失常。此时，猎人必须起来活动活动身躯，换一个地方继续设伏。我出来一天，运气好也只能打一只，回到营地天就黑了。而这也只能是在离牧民人家较近的地方才能做的事情，如果离牧民人家 10 公里以外，就鞭长莫及了。人在大自然面前有多么渺小，尤其是在荒无人烟的高寒地区，又有多么渺小，未经历者很难体会。

旱獭不好吃，主要是有点尿骚味。但人饿了，吃起来还是蛮香的呢。这家伙膘多油厚，肥呀，提供的热量惊人。饱餐之后，在高寒山地的帐篷里，后半夜得蹬开被子才能继续睡下去。那一年 10 月前，打了 5 只旱獭，冬天寒冷雪大，更不好打，猎获了 3 只，为完成观测组任务提供了宝贵的能量。毛主席当年在战胜三年困难后风趣地说，应该给赫鲁晓夫奖 1 枚 1 吨重的奖章。叫当年的测量员说呀，得给这 8 只旱獭各奖 1 枚 1 公斤重的奖章。

在这样的条件下，苦战两年，观测组创造了优异成绩。

光荣的司光员

司光员在建造共和国一等大地三角锁控制网中，立下了汗马功劳。

《细则》要求："一等三角锁图形的边长：在山区应在 25 公里左右，在平原区应在 20 公里左右。在受地形条件限制的个别情况下，最长边可达 45 公里，最短边可达 15 公里。"但无论是长也好，短也罢，都必须司光。因为用经纬仪望远镜，是看不清楚观测目标的。为了减弱大气折光对水平角观测的影响，夜晚也必须观测。《细则》规定："一个点的全部测回，以日间和夜间各测一半为原则，可以在30%～70%的范围内变通。每个点的观测至少由两个昼夜的3~4个观测时间完成，且每一个时间段内观测的测回数应不多于总测回数的三分之一。"

以上规定就把观测员限制得死死的。为了保证点间通视，一般的选点员都把点位选在该地区的制高点，这就更增加了完成一等三角观测任务的难度。观测员要爬的山，司光员也得爬。

为了赶进度、抢时间，观测员从早晨日出半小时到9点观测水平角，中午观测垂直角，下午一般从两点开始到日落前半小时观测水平角，晚上不设时间底线，以完成观测任务为止。而在以上时区内，无论何时观测，司光员都要奉陪到底。当大雾袭来，司光员孤零零一个人，就得在三角点上蹲几个小时，以保证一旦天晴，能随时为观测员送光。驻地离三角点较远时，天不亮就得动身，爬两三小时的山，才能摸到点位，以确保供光；晚上观测甚至到后半夜，也必须坚守岗位，直至接到本光段任务完成的信号后，才能打着手电小心翼翼下山。司光站一般设两人，有时人员安排不开，只能一人干双份活执行司光任务。司光员要独自雇工完成迁站任务；有时带病，有时来不及做饭，也得硬撑着爬上三角点司光，以保证观测；有时在无人区，寂寞无告，且面临着野兽或土匪的袭击……司光员不容易，不容易呀。

为此，我把司光员看成亲兄弟，只要测站有好吃的，如羊肉、自己捞的鱼、自己晒的鱼干、粮食等，哪怕测站人员饿肚子，也要送给他们。

大家奔着国家早日强大的目标走到了一起，相互关爱，相互帮助，各司光站排除种种困难，从来没有影响观测。我们在领导的关怀和同志们的支持下，练就了一支忠于祖国、忠于党，招之即来，来之能战，能打硬仗的小团队。

由于我们组出色地完成任务，几乎年年被评为先进集体。我作为组长，除了1961年因反映吃不饱发牢骚落选外，年年都被提名为先进个人，可是我年年都婉言谢绝，且都把名额让给司光员了。把荣誉让给司光员，完全发自我内心。在我看来，司光员才是真正的劳动模范，他们太孤独、太辛苦了。

吴景兰是一名司光员，是江苏省东海县房山镇人。

1955 年参加中国人民解放军，分配到总参第二大地测量队工作。小伙子个头不高，人很机灵，又能吃苦。1961 年在川西色达县进行一等三角观测作业，由于人手不够，我只好派他一人司光。一次迁站，驻地农场附近有一条小河，由于夏季高山雪水持续涌入，再加上几天暴雨，河水猛涨，小吴过河遇到了困难。小桥已冲垮，但尚有一根 8 号铅丝连接两岸。他想握住这根悬空的铅丝过河，但不幸的是人刚滑到中间，铅丝骤断，他坠河牺牲，年仅 26 岁。

消息传来，我雇了两匹马，同祝良佐到事发地寻找，想捞出战友。河水已消退了许多，但仍深及脖子，我俩是拽着马尾巴过河的。

过河后就询问老乡，我们的人是如何坠河的。目击者说他掉下去后，冲下去 200 多米，还看到他的头冒了冒，之后就无影无踪了。从各方面分析，人是不会生还的。

祸不单行。雇的两匹马，拴在同一个木头桩上，由于一匹马的蹄腕被绳缠住了，且越想摆脱越缠得紧，最终导致这匹炭火般通红的马倒在河里，耳朵灌进了水。马的耳朵是不能进水的，一会儿工夫"赤兔马"就死了。我和祝良佐都很惋惜、沮丧，事已至此，也只能再雇一匹马，火速赶回驻地，以免影响工作。

我设法通知就近的冯家运继续沿河寻找小吴。冯家运沿河找了 7 天，终于在尼柯河下游发现了小吴的尸体。我请示队领导如何处置，队领导指示就地掩埋。于是，同志们就将小吴安葬在尼柯河边，立了一个木桩，写上了他的名字。

吴景兰同志，同志们怀念你，后人也会向司光员的忘我奋斗精神学习的，你安息吧！

神　山

在没有借阅相关历史资料绘出"中华人民共和国一等三角测量局部锁（网）布设示意图"前，在我的印象中，神山位于川西；示意图绘出后，谁都能一眼看出神山位于青海省的班玛县与久治县间。

以甘孜为中心铺展开去的 4 条基线网，每条长度都在 200 公里上下。1 条基线网即 1 条锁，每条锁大约由 20 个三角点组成。图中的双向指示虚线代表着省略号。全国是张大网，条条锁相连，从白衣（玉）寺基线网连上去，是

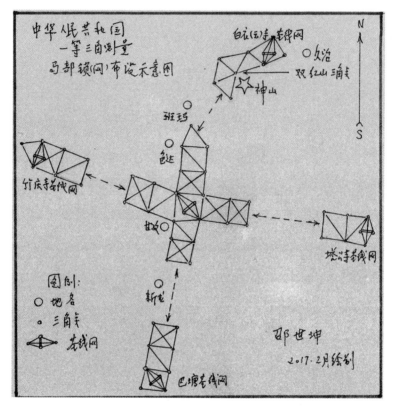

一等三角测量局部锁（网）布设示意图　邵世坤绘制

泽库（青海省泽库县）基线网，一如从竹庆寺基线网连上去是玛多（青海省玛多县）基线网一样……

我当初来到神山之麓执行国家一等三角测量，手头只有一张小比例尺交通图，上面标明了色达、班玛、久治等县城以及主要乡镇和较大的居民点的相对位置。那个年代没有水泥县级公路，只有用石沙铺成的乡村"搓板路"，县城间可以勉强通汽车。交通图对神山的描述仅仅是画了一个大圆圈加文字注记而已。

把一等三角锁逼得绕弯的三角点叫双红山，孤傲凸拔，海拔约 4 500 米，位于神山的西北缘，或者说，神山的西北缘就是双红山，示意图中的五角星理应触到表示双红山三角点的那个小圆圈才对，或者说，该五角星的西北角尖尖和表示双红山三角点的那个小圆圈是一回事才对。双红山有"点之记"。此三角点有两个乳房形的小山包，颜色绛红，与附近山色不同，故名"双红山"。

站在双红山顶的点位上向神山主峰方向眺望，但见白雪皑皑，重峦叠嶂，奇峰犬牙交错，使人惊其艳丽，仿佛置身神话世界；用望远镜细看，山峰坡度多在 60 度以上，岩羊活动历历可数，绛红色岩石风化严重。

夕阳斜照神山，仿佛火海一片，白雪山头朵朵，点缀在火海之上，煞是养眼怡人，令人清新脱俗。可惜好景不长，狂风说来就来，吹起一片雪云，致使浮出云端的山头瞬间就像海上白帆了，忽忽闪闪，沉沉浮浮，在漂泊不定荡漾中，烟波万里思绪长！

在神山交通图即草图的注记中，有如下文字：

"大小河水 360 条，动物种类颇多，里面有数不尽的宝藏"等。其中，我对"大小河水360条"印象最深。至今，我认为"说它有大小河流360条并不奇怪"，就山系而言，神山纵横阡陌，占地面积从三角锁的边长来计算，至少2 500平方公里。《细则》要求："一等三角锁图形的边长在山区应在25公里左右……"神山的面积至少有两条上述边长，即50公里左右，算下来其面积就在2 500平方公里左右。

神山官名为年保玉则。其主峰海拔不足5 400米，早已成了游年保玉则的终点，被驴友登顶无数次，似无神秘可言。然而，这里说的是从班玛县方向过来的经由双红山的西坡登顶，而不是自久治县城—年保玉则景区大门—仙女湖—妖女湖（大本营）—登顶的成熟旅游线路。我想，西坡登顶至今可能还是未开垦的处女地吧！

野鸭的记忆

一天，在青海果洛地区迁站途中，路过一条小河，我看见有两只黄野鸭戏水，便想用卡宾枪打一只改善改善生活。

可惜，尚未靠近到 30 米，黄野鸭就发现了我，腾空而飞。这时我看到还有小野鸭在水里，急急忙忙地跑过去，河水很浅，鞋子一脱就能下水，一共 8 只，都让我逮住了，脱下上衣把它们包起来，手提着就赶路。

同志们已停下来等我了。

我说："天也不早了，咱们就在这休息吧。"于是，大家就卸驮子、搭帐篷。这工夫，两只大野鸭在人们头顶一圈又一圈盘旋，呱呱地叫着，好像在说：

"你放了我们的儿女吧，你放了我们的儿女吧。"

捕获者哪里舍得放呢？

红红的夕阳、清清的流水、蓝蓝的天空、绿绿的草坪，帐篷就搭在这童话世界里，真的令人心旷神怡。安顿下来后，我找了个小纸盒，把 8 只小宝宝放在里面。而后薅了两把草，用刀剁得碎碎的，又抓了一把糌粑面，用水搅和在一起，放在小盘子里，继之把小黄鸭放出来，让它们进食。嘿，小家伙们一点也不认生，吸溜吸溜地就吃起来。我非常高兴，行军一天的疲劳瞬间就消失了。

在那个年代，国家真的很穷，领导都有点抠门，旅行式的收音机早就问世，但他们厉行节约，不肯给测量员买，一年给测站发两副扑克；而测量员也不知道提建议要求给自己买个收音机。因此，野外的文化生活很单调。我自己掏腰包买了一副象棋，每逢下雨无事，除检查手簿外，就是和同事打打扑克、下下棋。有了这8只小黄鸭，给测站这个临时家庭增添了无限乐趣。尤其是每逢我观测回来，它们总是唧唧呱呱跑前追后地叫。那意思我也明白："先生你回来了，辛苦了！我们肚子也饿了，给我们弄点吃的吧！"于是，我瞬间就感觉不到疲劳了，开始给它们做饭。

养了半个多月，小家伙体重大增，近半斤重了。有一天，也是迁站，测站在一片离小河不足百米处的草坪上安营扎寨。我把由纸盒家搬迁到竹筐家里的野鸭从驮子上取下来，提着竹筐向小河奔去。我把野鸭放出来，让它们游泳，野鸭们高兴极了，飞奔进河里，你追我赶地嬉闹起来。我在岸边望着已经长大的野鸭们，陷入了沉思。养是养大了，谁也舍不得吃它们的肉，对得起它们的父母了；继续养吧，养得太大了，迁站将是个累赘，闹不好，驮子翻了，把它们砸死了，那就更可惜了。干脆放生算啦！我守望了好半天，恋恋不舍地提着空筐回来了。谁知道刚吃完饭，天还没黑，这8只小野鸭摇摇摆摆地又回到了帐篷。

哎呀！我高兴死了，一天的疲劳又瞬间感觉不到了，但这一次，我觉得有愧于小家伙们，决定今后再难也要和小家伙们在一起。

10天后的一个晚上，我忘记了把它们装进竹筐提到帐篷里过夜，早晨起来，发现8只野鸭不见了。我霎时呆住了，套用东北人小品里的一句话"心里哇凉哇凉的"。傻傻的我愣愣地想，如果是让野生动物给吃了，总应听到叫声或留下些痕迹吧，但什么异常情况也没有发现。我不甘心，以帐篷为中心，在半径约500米的范围内转了一大圈，还是连个鸭毛也没发现。我和同志们都为此事焉了好几天。

野鸭的失踪，至今是个谜，在我那月冷风清的残梦里，时不时出现8只黄绒绒小野鸭的叫声和身影。唉，"廉颇老矣"，越老越想那8个小宝宝。

鱼儿送来好体质

1961年夏天，我组迁站进入果洛牧场。果洛牧场气象万千、雄浑博大。周边群山环抱，山下夹杂着小丘岭的草原广远至天边，碧绿的海洋中镶嵌着朵朵牦牛毛黑帐篷，炊烟袅袅像风帆。近处的羊群、远处的牛马自由自在地啃青。无数的小溪从雪山上流下来，形成水网，向大河热热闹闹地奔涌，大河浮着孤寂的云影和雪山的故事静穆地流向天边。

青海果洛与川西通灵。

在果洛二等基线网观测，四周的群山都有观测点，迁站也很方便。我在那里工作了20多天。20多天给我这个讲实惠的人的感受是：小河大河里都有无鳞鱼。相传西周的开国元勋姜太公钓鱼用的钩是直的，所谓"姜太公钓鱼，愿者上钩"。姜太公是仁义之士，"来者不拒，去者不留"，我自知比不过他，可也有些小聪明，我点燃蜡烛把缝被子的大针烧热，弯了一个鱼钩，穿上线捡了个小棍，用大饼做诱饵，来到小河边钓起鱼来。

成群结队的鱼，只要甩进饵就胡乱咬钩，基本上两分钟钓一条，不到一小时，我就钓到30多条鱼，小的半斤多重，大的一斤多重。我开心极了！回到家里，大家七手八脚地把鱼拾掇干净，放些野葱，就炖起了红烧鱼。出锅后，大家都觉得香喷喷的，不一会儿鱼锅就见底了。可是，吃进去不到 20 分钟，所有人都吐出来了。这是怎么一回事呢？大家正在纳闷，牧场来了位民族干部，好奇地来观测组观光。我就问他："怎么我们吃了鱼都吐了呢？"他回答："我们藏民不吃鱼，听说青海鱼的鱼子不能吃，有放射性元素，只要你们不吃鱼子就没事儿。"大家恍然大悟，原来如此。后来大家把鱼子同五脏一起都扔掉，再吃，果然就不吐了。只是直到今天我都不明白，在如此纯净的地方，怎么会有放射性元素呢？

后来，因为鱼多，我们非但不吃鱼子，连鱼头都扔了。

为方便起见，我在小河边挖了个两米见方的鱼塘，闲余之际大家都去钓鱼，鱼塘里满满的鱼，随吃随捞随杀。鲜的吃不过来，就制晒成鱼干，经常给司光站的同志送些——他们比测站还辛苦，有时人数拉不开，一个人也得在山头上司光，哪有时间逮鱼呢？

20 多天里，观测组在牧场周边地区完成了 4 个观测点，即果洛二等基线网及扩大点的联测，创下了全队的单产纪录。当地补给比较充分，不再喝糌粑面加野菠菜的稀饭了，鸟枪换洋炮——牛奶大米稀饭加大饼炖青海鱼。由于营养得到了补充，大家可以说是兵强马壮了，为冬季作业打下了坚实的基础。

　　我时不时回忆，自己在日伪统治下的童年是悲惨的。伟大的中国共产党领导穷苦人闹革命，无数的先驱抛头颅，洒热血，前仆后继，英勇奋斗，建立的新中国，真是来之不易。国家要富强，必须奋斗，落后就要挨打，再受洋人的欺辱。想到这些，我就干劲倍增，我带领的小组即将向"三江源"更高的山峰所布设的三角点冲刺。我将团结全组同志，把一切艰难险阻踩在脚下，向胜利冲锋。

1961年，邵世坤负重向三江源一等三角点攀登　祝良佐摄

数十年后的今天，写到这里，我依然激动不已，遂用河北省邳县（今邳州市）青蛙漫画组创作的公益广告《中国梦 牛精神》题诗为本篇作结：

> 铁蹄响铮铮，奋蹄自由神。
>
> 我是中国牛，天地任我行。

露宿山巅

青海果洛和川西高原，除了神山以外，很陡峭很难爬的山相对比较少，但山的比高比较大，一般在 200 米~500 米。帐篷只能搭在离水源较近的山沟沟里。一等三角观测，为了尽可能地减少水平折光对水平角的影响，《细则》要求至少在 3 个光段完成，且白天与晚间的观测值各半为宜。3 个光段分上午、下午、晚上，视天气情况而定。因为山的比高比较大，要想抢测上午这个光段，天蒙蒙亮甚至摸黑就得攀登，否则就赶不上第一个光段。

为测果洛地区某点，我与武汉测绘学院（简称武测）刚毕业的张涤华（健在）背着 T3 经纬仪，天蒙蒙亮就向比高约 300 米的观测点进发。高原上背 20 公斤的东西，感觉比平地背 40 公斤东西还重。一台 T3 仪器重量近 20 公斤，张涤华的体质远不如我，只能我一人背。李德善背的是脚架、电池、帆布等物件，更重。由于高原空气稀薄，再加上吃不饱，每爬一步都步履艰难。难在两腿不听指挥，想往上走，但两脚不愿起步，勉强登几步，气喘吁吁又停下来，大口大口地呼吸。就这样，停停爬爬，到达点位已是 9 点多钟了。定神一看，大雾弥漫，能见度不到 5 公里，只好坐下来休息等天气好转，没想到一直等到中午，雾气有增无减。我们仨吃了块饼继续等，直到下午 5 点多，远方的群山才在雾中露出几个山头，要观测的司光点仍被大雾笼罩着，半山腰有几片白云似动非动。我们都盼早点起风，把云吹散，但风婆子大概也饿得不行睡觉去了，一丝风也没有。我用商量的口吻对他俩说："咱们下山吧。"张涤华应答道："越快越好。"但摆在我们仨面前的一个难题是，仪器留在山上还是背下去。明知在这兔子不拉屎的地方没人上来，但又怕万一出问题，最后还是把仪器背下了山。

回到驻地，吃完饭，我召开了小组工作会，重点讨论怎样才能完成该点的"夜间观测值"任务。大家讨论的结果是：帐篷无法运上去，只能我与张涤华蹲山头。山的海拔高程为 4 500 米，虽说已进入 6 月中旬，但还是相当冷。蹲山头等天气，夜晚有零下六七摄氏度的严寒，人休息不好，也难完成任务。祝良佐说："你们把我和德善的大衣拿去，山下夜晚也就在零度左右，我们不会冻死的，你俩放心好了……"方案已定，大家分头准备，一夜无话。第二天还是 5 点出发，祝良佐留在家里做饭和镇守。由李德善背仪器，我背着帆布和两件大衣，张涤华拿干粮和水，我们仨又开始了艰难的行程。这日还好，提前半个小时就到达了山顶。天气很晴朗，各司光站都来光了，观测员叫李德善赶紧发信号调光。调光完毕，我也将仪器调整稳妥，李德善撑伞、张涤华记簿，就观测起来。一切都很顺利，测完天顶距（垂直角）大家开始进餐，大饼加咸菜吃得蛮香。随后蹲在地上打了一会儿瞌睡，勉强赶走了困意。下午天气又变坏了，司光点时隐时现，没测几个测回，太阳就快下山了。我叫李德善赶快下山，晚了路不好走，容易出问题。到了夜晚，没测几个测回，天气越变越坏，等到快 10 点了，天气也没有好转，5 个司光员送走了两个，其余 3 个在云雾里联系不上，只好收摊子，因为太晚了，司光员也受不了。

下半夜怎样睡觉呢？山头光秃秃的，巴掌大的避风地都没有，只好坐在标架旁小憩。坐坐站站、站站走走抗寒、磨时间。凌晨两点多钟，狂风大作，夹着雪花扑面而来。我与张涤华用帆布把头蒙起来，但帆布太小，两人并肩坐在那里，手的两旁还透刀片般的寒风，雪花不停地往帆布里灌。帆布上积雪太多了，两人就起身抖一抖再坐下。就这样反反复复地除雪，还没睡，天就亮了，雪也停了。其实雪下得并不大，厚约 10 厘米，但四周群山至半山腰下，全披了银装，非常壮观，通视特别良好，几乎是万里无云。

我俩吃了块饼，水壶的水没保管好，都冻住了，只好抓几把雪润润喉咙。李德善上来了，我们仨开始苦战。当基本测回完成时，已经后半晌了。我让李德善赶紧借着西边的太阳光下山。张涤华与我检查手簿，获悉重测数量并不多。太阳下山不久，各司光站准时来光，调光后即投入限差超限的角度的重测，不到一小时，工作全部完成，只是天已大黑，又无法下山，我俩只得再蹲山头。前一夜没有睡觉，白天又工作了一天，记簿员坐了一天，观测员站了一天，都非常疲劳。张涤华正跟我说着话就睡着了。我听凭他睡了一会儿就赶紧把他捅醒，说："咱们不能睡得太死，否则会冻死的。"我又给他讲了一些故事，提起他的精神。到了后半夜，脚冻得实在不行，像猫咬的一样，只好像昨晚那样，起来活动活动，跺跺脚。这一夜比昨晚冷得多，估计接近零下10摄氏度。李德善不到8点就爬上来了，问工作结束了没有。我说："很顺当，任务完成得很好。咱们收拾东西赶快下山吧。"

在果洛作业期间，每年都会遇到两三个特困点，你不住在山头，是无法完成任务的，所以说，露宿山巅是家常便饭。

什么叫苦？我查字典的答案是："像胆汁或黄连的滋味，跟'甜''甘'相反……"在我的文章里提到不少苦字，但我对苦并不过分在意。苦与不苦是相对的，有人饭来张口，衣来伸手，却不思报国，他们感到幸福，而我觉得很无聊——是苦。战胜苦的法则我认为有两条：一是感恩于伟大的中国共产党，一是热爱并忠于伟大的祖国。做到了这两条，工作起来，就会像儿子给妈妈干活一样，干什么活你都不感到苦。在漫长的野外生活中，我没感受到什么叫苦。越苦的活儿，我干劲就越大，我勇于向苦叫板，因此，对于我来说，只有完成任务后的喜悦和幸福，没有苦。

逆袭雪豹

回光灯比探照灯小得多，比手电筒大得多。它是在进行一等三角测量观测水平角时用来夜间照明观测目标的，是三角测量工作不可缺少的生产工具之一。

我带领全组在青海果洛藏族自治州的班玛、久治、达日等县进行一等三角测量的观测工作。那里山势陡峭，人烟稀少，所有的三角点位都在海拔 4 500 米左右，冷上加冷。测站遇到一个特别难爬的三角点，帐篷无法背至点位，只能搭在山下有水源的地方，从帐篷到三角点位，至少要爬 5 个小时。迫于无奈，只好把祝良佐、李德善留下的防寒装备——两件皮大衣披在身上，露宿山头过夜。到了第二个夜晚，意外的事情发生了。该点只有 5 个观测方向，当我测完一个方向，把仪器转到第 5 个方向时，在山腰的马鞍处，看到一个亮点，时红时紫地在移动。不是鬼火吧，我儿时在东北老家乱葬坟见过鬼火，近似黄色，就像划火柴初燃的光，一团一团几乎连成片，比眼前的大得多。我定睛一看，好像有个物体在移动。那天月亮半圆天半阴，看不清楚，我就用望远镜观察。哎哟，天哪，这不是一只雪豹嘛！白毛黑斑，两只眼睛亮亮的，顺着山梁向山头爬来。我对新来的记簿员轻声说："雪豹来了。"记簿员是南京地质学校刚毕业的学生，性格内向，胆子有点小。过河遇到急流，我还得牟着他的手走。我常讲一些鬼怪的故事吓唬他。所以，这一回他又认为我是开玩笑吓唬人呢，一副漫不经心的样子，没理睬我。可是，过了几秒钟他问我：

"雪豹在哪？"

"就在你屁股后面。"

他回头一看，当即从用两个皮大衣叠成的记簿"凳"上滑下来，一动也不动了。我的脑子则在不停地旋转，思考着怎么办。

雪豹马上就爬上来了……

当初连手枪都嫌重，碍事，没有背上来，此刻我肠子都悔青了。看来只能和这家伙肉搏了，但与它搏斗，山头太小，也就 5 米见方，中间还架着仪器，这真叫"英雄无用武之地"。如果没有仪器就好了，我想，自己可以放开手脚与它搏斗。我不傻，搏斗中，要尽量避免与不速之客正面交锋，它扑上来，我闪过去，见机顺势猛踢它屁股一脚，人急了力大无穷，我会把它踢下山崖，鹿死谁手还很难确定呢。以上是我的想象，也是我想象中的自救方案。我儿时经常听家父讲老虎、豹子有三扑，只要你躲过这三扑，它就胆怯了。但此时此地有仪器相阻，这一招是很难成功的。我突然又想起家父后来对自己说的话："你小子在野外工作时，特别是森林区，野生动物出没的地方，夜晚露宿时，要升起篝火，一切动物都怕火，这样睡觉就安全了。"但眼下山头光光的，无柴草，即使有柴草，也来不及点燃了。然而我由此想到动物怕火，它也可能怕光。就这样，我在这千钧一发之际，突然想起了回光灯。于是一个箭步上去，把回光灯打开向雪豹照去。可是，山头下的陡坡达70度，我看不见雪豹；迅速向上往回扫描，哎哟，天哪，雪豹离自己不足10米！电动摩托车般大小！我迅速聚焦雪豹头部。这一招还真灵，雪豹扭头就往山下跑。山大王跑得猛，晕三倒四连翻几个跟斗，旋风般消失在山野中。我松了一口气，一身轻松，非常开心，于是对记簿员说起了大话：

"你真是个胆小鬼，雪豹来了有什么可怕的，人家武松一个人打死了一只老虎，咱两个人难道就不能打死一只豹子吗？"

记簿员仍不吭气。

我当时怕不怕呢？也害怕。用我自己的话来说就是："见到雪豹的第一反应就是头嗡了一下，好像有人在头上敲了一棒子，随之就出了一身冷汗，心脏跳动明显加快。"我儿时爱逮蛇玩，同学们都叫我邵大胆。通过这次考验，我发现自己的胆子并不大。于是，当年现场的我就自言自语地说："唉，邵大胆，胆子大，雪豹来了也害怕。"我常听人讲，吃了豹子胆的人胆子大。我就想如果有机会，能吃上豹子胆，把自己胆子吃大该多好啊！

大地在沉睡，一切都平静下来。我对记簿员说："咱们观测吧，明天还要搬家呢。"

"好吧。"

重整旗鼓，一切就绪，我就开始观测了。当观测一个方向的读数后，记簿员说："邵师，你等一会儿，我还没记下来呢。"

"怎么啦？"

"我的手还有点发抖，记不下来。"

我知道记簿员心有余悸，就说：

"好吧，送光收测，明天再干！"

为此我俩又多蹲了一夜的山头，才完成该点的任务。我的记忆力不好，但此事仿佛发生在昨天似的。

与坤得在一起的日子

1962 年 4 月 1 日，我们观测组出测，经成都奔赴甘孜测区，继续进行一等三角锁的观测工作。

川西地区的工作年年都是从雇牦牛、牦牛夫开始。牦牛生性野，又不曾圈养，比黄牛、水牛难驾驭，但适应当地的气候条件，擅长翻山越岭，马匹上不去的崎岖陡峭的山峰它能上去，因此，牦牛成为高原上难得的运输工具。这一年，测站雇了 13 头牦牛，请到了两位藏族牛夫负责喂养和运输。坤得就是牦牛夫之一。

在高寒地区作业，首先得把给牦牛捆驮子的手艺练扎实。叫牦牛接受驮子不容易，一般人捆驮子，捆得再结实，也经不住它七蹦八跳地满山遍野跑，直到把东西甩下来为止。再捆，它再甩，有时两个小时都难出发。给牦牛捆驮子确实是一门学问，里面有不少讲究。一是在上鞍子的时候，要特别注意把毡垫弄平整，里面不能夹沙子或小柴棍等杂物。否则，极易把牛背磨伤。皮肉磨伤的面积大了，这个牦牛就废了，今年再也不能驮东西了。二是当你给牦牛紧肚时，貌似憨憨的它憋口气把肚子鼓得圆圆的，当你扣完肚带后，它才把气放了，那肚带与肚皮间就至少有了三四厘米间隙。肚带太松，除容易翻驮子不说，行走时鞍子也难免前后窜，生生把牛背磨伤。你把肚带整得太紧了吧，它感到不舒服，就胡蹦乱跑不答应。正确紧肚带的方法是，当它把肚子鼓圆的时候你不理它，少顷，当它气松以后，你随即再紧上一扣，肚皮与肚带的间隙以能插进一个手指为宜。三是两边驮的东西，用手掂量重量大致相等就好，万一两边的重量相差大，偷懒的做法是把较重的一方，稍微抬高点儿，也能达到平衡的目的。

捆驮子特别讲究实践经验，每次搬家捆驮子，我都亲自上手。我绑的驮子比较考究，只要牦牛七蹦八跳没有把驮子摔下来，它也就不跳了，乖乖地俯首称臣。一次，有一头牦牛可能年轻气盛，第一次驮东西，我和坤得都捆了三次了，它还是前腿弓后腿蹬不要命地乱跳，大有非把驮子跳散架掉在地上不可的势头，可把我气极了，我怒喝一声：

"坤得你躲开！"

说时迟那时快，我一个箭步上去，握住牦牛的双角，向左猛地一扭它的脖子，只听"磕喳"一声，就把它放翻了。它爬起来后有点惊愕，站在那里不动，呆呆地看着我。我上前给它顺顺毛，摸摸它的脑袋以示安慰，牦牛乖乖地接受了。我得意地叫道："坤得！再绑驮子！"

牛夫趁热打铁上了手，直到捆好，它再也没跳。这是一个意外的发现。其实我是气极了，把它摔倒想出出气，没想到把它驯服了。13头牦牛中近半数不太服从使唤，我都用同样的方法把它们制服了。有1头牦牛依仗着年轻力壮，不服从使唤，我使足了劲，连摔它两次，最后它也乖乖就范了。从此以后，捆驮子的时间大大地缩短了，不到一个小时，测站就能出发。

赶牦牛不像拉骆驼，拉骆驼是驮夫在前面牵着一峰走，余下的一峰一峰地跟在后面走。而牦牛不是省油的灯，只要路面宽，它们就一齐往前挤着走，13头牦牛并驾齐驱，大有横行天下、吞并八荒之势。在行军的途中，我骑上牦牛，从这个牦牛背上跳到那个牦牛背上玩耍，躺下，坐着，它们都不惊慌，照样雄赳赳气昂昂地赶路。可能它们都在想："这小子不好惹，这样折腾咱们，驮子还是好好的，咱们还是规矩点，让他骑着走吧。"

坤得打心眼里佩服我，尤其佩服我这招最实用的飞身骑牦牛的绝活。我则在得意之余，给坤得讲述了数年前在姜点上"夜晚冻急了"，自己向战友武海宽抖的"猛料"。

我在把腰如水缸粗的蒙古牧民三局两胜摔赢后的第二天，又故地重游，见主人正在以"压驮子、勒嚼子"的方式训练一匹黑马的"走步"。此马精神抖擞、膘肥体壮、骨架匀称，黑油油无一根杂毛，卓尔不群。我当时连考虑都没考虑，就向主人夸海口，说此马不用训，我当下就能骑。主人哪里肯信，不让骑。我就瞅了个空隙，一把抓住马鬃跃上光秃秃的马背！4岁牙口的乌骓马旋即直立急转，猛抖尥蹶子，呼呼直喘两三分钟，终将我抛落。一脸愕然的主人随即哈哈笑……我当时还告诉武海宽，蒙古族讲究摔跤，敬重赢家，由于我在驻地附近是摔跤无敌手，所以无论到谁家，手抓羊肉、马奶酒都随意吃喝。牧民视套马绳如同军人的枪，一般不借人，否则，一旦使唤断了，中间挽个疙瘩，套马就不灵了，但我开口总能破例借到手，

正因为如此，我先前才敢提用套马绳过"鱼脊梁"的方
案。我当时还告诉武海宽，20多米长的牦牛毛绳是一圈紧
顺一圈像渔网一样搭在牧民肩上的，抛出去十分顺溜，然
而，说来也奇怪，当客户在草原马群中选中哪一匹马要购
买时，能及时准确套住的，百个牧民中只有一个。只要你
是套马冠军、摔跤冠军、喝酒冠军，你与最美的蒙古姑娘
谈恋爱，她都愿意，而且感到无上荣光。等任务完成后，
回到草原，你好好练练，可以一试！眼见武海宽冻僵的脸
就绽出了笑容，可怕的黑夜就这样被送走了。

"步兵"邵世坤与"骑兵"蒙古族好汉　祝良佐摄

坤得从故事中感受到更多的是优秀观测员在面对艰险时的钢铁意志和战无不胜的勇气，愈发对我尊敬有加，决心向前辈好好学习。我则乘兴向坤得展示了上面引用的1959年拍摄于巴音布鲁克草原蒙古族牧民家门前的照片，并作了介绍。至于是两个牧民中的哪一位的家门前，我记不清了。这两个牧民的帐房都距观测组驻地不远，两人都30来岁，血气方刚，与他俩摔跤、赛马、练套马术、喝酒、聊天等的次数差不多，关系都很铁。此照片背景的左边记录的是观测组在该牧民家补充给养的场景，印证了我与该牧民相处得非常融合，也说明了观测组与驻地附近群众的鱼水关系。当然，从历史学家角度看，也反映了当地牧民生活富裕，说明了新中国的春风过了玉门关。我就这样把话题暖意融融地扯远了，一如听故事者对故事的理解远远超出故事本身一样。

我对坤得如此，对另一位牦牛夫也是如此。我出身苦，是解放军军校给了我最初的温暖，如今，我时不时总想把这种温暖传递给身边的人，尤其是老少边穷地区的少数民族兄弟。

好的开端赢来了好的结尾。这一年，在牦牛运输方面没有出现问题。年终收测，两位牦牛夫经管着牦牛，一直把观测组的行李送到甘孜。到了甘孜，也就到了与牦牛夫分手的时候。我与坤得建立了深厚的民族感情，平日里没少关照他，因为他为观测组做了不少分外的活。有一次，迁站路过坤得家，他特意宰了一只羊款待同志们。大锅炖全羊，手抓羊肉吃得真过瘾。事后要付钱给他，他说什么都不要。我严肃地对他说："这是三大纪律，你不要钱，我们会犯错误的。"他才勉强收下。

闲暇里，我既给坤得讲述邱少云、向秀丽等英烈的故事，也给他说些逸闻趣事。如"班玛县委大院养着一只公鹿，十分温顺通人性，能识别男女，见到大姑娘，轻轻地直拱人家的胸"一类。坤得听得入神，有事没事更想和我待在一起。但我俩同时得空坐下来最多的还是拉家常。有一次我就拉扯到自己的东北老家，说到了童年。家里养了两只公狗，黑色、夯壮的叫"大黑"；黄色的底子，肚子、腰窝两侧几坨白毛的叫"小花"。说"小花"同班玛县委大院里的公鹿一样也很通人性，能把脖子下绑的铅笔送到家住村南200多米外的我的同学——曹增福手中；也能替主人跑腿，给村里关系特别熟的王二婶、张大妈送个煎饼卷什么的。长白山下野兽多，狼、黄鼠狼经常溜进村猎猪猎鸡。狍子很少到村边转悠，一般在5公里外吃草。有一

天，曹增福喊叫我："邵世坤，你家的'小花'拖了一只
狍子回来了，在北门外被其他家的狗围住了，但谁也不敢
下口，就等着你拖回家呢。"于是，我就同家父把体温尚
存的狍子拖回了家。这样的事在我记忆中有两次。那时
候，在日寇的监视下，打猎也不许有枪，冬天里，爷爷把
"大黑"套在狗爬犁上，拉着我，带着"小花"，我们四个
就上了路。到了狍子经常出没的地方，"小花"一旦发现
狍了，就一溜烟似的追上去。狍子重，管状的蹄子扎进雪
里陷得深，"小花"一旦咬住狍子，"大黑"就冲上前，爷
爷后脚到，我也急急火火参战，就这样我们大获而归。在
我的祖籍山东省有句老土话叫"狗咬'马猴'两下里怕"。
'马猴'即狼，整句话说的是狗在家门口咬（也包含吠的
意思）狼，狼和狗双方心里都害怕。可是"小花"就不怕
狼。有一夜，"小花"的动静忒大了些，"大黑"也跟着起
劲，家父寻声出门来到后院猪圈探看，只见"小花"和一
只狼咬成一团，"大黑"打下手；迟也不迟，早也不早，
狼见主人到，虚晃一枪撤出战斗，披着夜色逃之夭夭。
"小花"个头不及"大黑"，但比"大黑"机灵、勇敢，
遇到险情，总是一马当先打头阵；"大黑"憨憨的，虽然
回回甘当"下手"，却是个干活出力的好手，我就是骑着

"大黑"长大的。出力归出力，但一到晚上，"大黑"就趴窝，实打实睡觉；"小花"就睡不踏实，总表现出"一枝一叶总关情"的劲头，前屋后院勤巡逻，有时通宵跑来跑去发警告。深更半夜，保不齐就会有"马猴"、黄鼠狼溜进村害家畜。偷偷进村的狼本事大，哪家猪圈无看守、有破绽，进圈就深藏下来瞅目标、创造时机，玩"扮猪吃老虎"的把戏，咬住猪耳朵，用毛扎扎的大尾巴把猪赶出圈，一路摇摇摆摆走到村外，和久候在村边的狼家族成员一起分食之。奇怪的是，在整个过程中，任"狼"宰割的猪一声不吭。"小花"那一夜就是和"有本事"的狼干架。正是有"小花"的出色护卫，我家从没有像左邻右舍那样丢过猪和鸡。"小花"的勇敢和担当，赢得了村里母狗的青睐，有好事都情愿与"小花"分享，其他在武力方面也不及"小花"的公狗只能待一边行家族繁衍注目礼。更使家人看重"小花"的是，一天深夜，后院磨坊由于白天取暖的余火没有处理好引燃了大火，"小花"跑到前屋，先是狂吠，后用屁股撞门，把熟睡的大家吵醒，领着第一个开门的家父直奔后院。天哪！火已经着大了，再晚来一步，毗邻的粮仓就着了，后果不堪设想。后来，"小花"死了，家里人非常悲痛，不忍心吃它的肉，爷爷把"小花"葬在菜园里，还立了块小碑。后来爷爷听人说狗不剥皮入葬升不了天，悔得难过，但想到"小花"已经腐烂，也就断了掘墓给"小花"剥皮重葬的念头。

故事里有乾坤，坤得从我讲的故事中走出了大山，感受着外面的世界，并从中积极学着做人。离别之际，我把小组所剩的大米白面等都送给了他。他对手电筒情有独钟，我又买了两节新电池，一并送给他，他特别高兴。临别时，他紧紧地握住我的双手，眼泪注汪地说："老邵，你们何时再来呀？"我也热泪盈眶地说："有机会，我会再来看你们的。"

半个多世纪过去了，我至今未见坤得，时不时怀念他，同时也怀念"从这个牦牛背上跳到那个牦牛背上玩耍"的日子。我的骑术源自"大黑"，见长于骑毛驴，成熟于巴音布鲁克草原、川西。当年，曹增福家有一头犟驴，讨厌人骑。可我偏要骑。结果骑一次摔一次，骑一次摔一次，直至犟儿童"犟"服犟驴。话说1962年，我的体重比1959年轻了些，仅120斤，却特别灵活，转场途中，像燕子李三一样飞身一把抓住行走在边的牦牛的鞍，借助"抓"前形成的惯性，飞上驮着行李的牦牛的背上！牦牛受惊，蹿几步也就平静下来了，内道的牦牛则地动山摇紧跑跟上，又横向连成一排，我就从这个牛背跳到那个牛背，如履平地般玩耍起来。

往事如烟，坤得你好吗？

狼

记得测站好像是在班玛县境内迁站，我比较有经验，打前哨、探路，决定宿营地。午饭后走了一程，翻上一道山梁，就见一条坡从山梁延展至谷底，三四十度，五六公里长。坡两侧还是山，山坡上有一些直径 20 厘米或 30 厘米的松树，松林沟宽约 300 米。

松林沟是迁站的必经路线，我看清了地形，就向坡下走去。四周静得只能听见我的脚步。走着走着，我觉得有些异样，回头一看，30 米开外，有两只狼。我一停下来，两只狼亦同时停下来；我看它俩，它俩也看我。我不由得握住了腰间的五四式手枪，想起了班玛县米书记不久前对自己的告诫。

米书记说："遇见狼，千万不能开枪；一开枪，狼就会叫；一叫，远处的狼很快就会围过来，你就吃不消了。"米书记说："不久前，一支30来人的地质队就着了轻率开枪的大祸。地质队先发现狼的那个人，举枪就射击，心想30多人的队伍，又有枪，老虎都不怕。结果一枪没打中，狼就叫起来，一时间来了上百只狼，刹那间枪声大作，狼先后死亡四五十只，但剩余的狼最终把地质队的人都咬死了。奇怪的是，30多具尸体谁也没被开膛破肚，仅仅是被咬死了而已。"米书记最后说："恨就恨在枪上，当地狼恨透了枪。"

我敬重米书记，也就相信米书记的话。于是，就把握枪的手松开，装着没事的样子回过头来继续向谷底走去。但耳朵自此以后专注于身后了。凭感觉，我获悉，我走，两狼亦跟着走起来。走了几分钟，我心里毕竟不踏实，蓦然止步回首，天哪，两狼亦来了个急刹车，站定打量着我。离我有三四十米。这两个家伙比蒙犬大，但大不了多少。我转身又走，它俩又跟，就这么走走停停、停停走走。

我有被狼跟踪包围的经历，场面比眼下凶险得多。那年是1945年，我10岁，在东北老家临江县（今临江市）城上小学三年级。一天，叔叔花 2.5 万元（八路军刚进临江城，使用的是流通券纸币，1 万元相当于人民币 1 元）给我买了个手电筒，我稀罕得了不得，爱不释手，心想，这么个宝贝叫老娘看看多好，就对叔叔说："俺要回家，叫俺娘看看手电筒。"时间是一两点，吃过午饭不久。叔叔一愣，立即阻止："不行！90 里路，天黑到不了，深山老林的，一个小孩，不要命了？"可我这个"邵大胆"野着呢，哪里肯听叔叔的话，就偷偷上路了。从临江县城到我家所在的吴家营，一路上都是山林，我像狍子一样，沿着深山大沟上上下下一口气蹿上了岗头村。岗头村离家只剩 25 里地了，顺着小火车道走，一马平川。我松了一口气，但同时也更紧张、害怕起来，因为紧赶慢赶，天还是黑了。我打开手电筒匆匆赶路。没想到途经元宝顶子，厄运降临，我被狼盯上了，当我用手电筒余光发现时，身边的狼已多达二三十只！我吓傻眼了，心顿时突突大跳起来，后悔不听叔叔的话，落入狼群中。怕归怕，我还是壮起胆子继续朝家走。

走？哪来那么容易？怎么个走法？也是走走停停、看看走走。真是落入狼群中，相当一部分的狼前后左右都离我 10 米左右。我不敢照狼，只敢照脚前的路。当我停下来时，用余光发现狼或蹲或站也打量着我。说来也奇怪，一路上，始终没有一只狼逾越这条生死存亡的 10 米距离。就这样，我被狼群前呼后拥到吴家营地盘，直到进了村，狗狂叫起来，狼才不情愿地离开。我一头栽进家门，把娘吓了一跳。娘摸了一把我的小棉袄，全湿透了。我告诉娘，俺遇到狼了……娘说，手电筒救了你的小命。

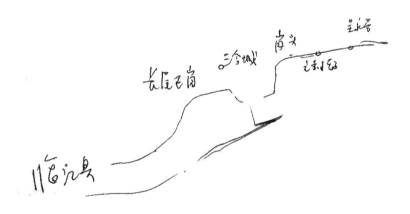

邵世坤 2017 年春手绘（底下的线段表示鸭绿江）

就这么走走停停，停停走走，两狼跟着我下了近三分之一的坡，始终相距 30 米左右。停走快慢由人，距离听凭狼拿捏。在这个过程中，枪毕竟给我壮了不少胆，一方面，我谨记米书记的忠告，自己也一次次告诫自己，不到万不得已不开枪；另一方面，我又不断提醒自己，狼一旦走近，严重威胁到生命，一定要及时开枪，且要保证一声枪响一只狼毙命，两声枪响两只狼玩完。不久前，我在拉萨河岸边曾用卡宾枪一抬手击落过空中的大鸟。我相信自己的打猎经历，更相信自己的枪法，所以一路上并不太怯。我自觉不自觉地想起了父亲、爷爷，想起了与自己在藏南摸爬滚打的张副排长，想起了伟大领袖毛主席，禁不住热血沸腾起来。毛主席说不打无准备的仗。那30多个人肯定是无准备仓促应战才全军覆没的，我呢，时刻警惕着，时刻准备着，你俩若犯我，看有没有好果子吃！我是毛泽东思想武装起来的大地测量战士，我走到哪都不会辱没大地测量战士的形象。那两个吓得屁滚尿流逃跑的叛匪就是你俩的样子。就算枪响你俩垂死叫一声半声，引来大群的狼，我也要一枪一个击毙来犯者，直到子弹打光，肉搏，流尽最后一滴血。想到肉搏，想到血，想到剧疼，我脑海一瞬间掠过了那群凶残的蒙犬和自己那悬吊着的一粒肉。于是，只觉得一阵阵血雨腥风扑面而来，只觉得下一步就要走进恶狠狠的厮杀里……经过恶狠狠厮杀的人和没有经过恶狠狠厮杀的人不一样，经过硬生生剜肉刮骨的人和没有经过硬生生剜肉刮骨的人不一样，经过置之死地而后生的人和没有经过置之死地而后生的人不一样。两只狼仍距我30米开外，而当我与跟踪者对峙时，那两个家伙始终保持着最佳攻击状态，狼子野心昭然若揭。

人也怪，说不太怯吧，不知何时，我早已把压满子弹的枪紧紧握在手里，并打开了保险。大约半个小时吧，也就是下午三四点钟，战友们跟上来了，牛夫吆喝牦牛的声音与牦牛夫所骑马匹的嘚嘚声，空谷传响，越来越清晰。狼，一路小跑间或回头看看，消失在一侧山坡松林中。

彩虹谷

记得是在久治县，钻了数不清的山沟沟，爬了几座海拔5 000米上下的三角点，辗转迁站，来到两座山夹着的，越到谷口越宽的一个牧场。我登上面对谷口区域三角点所在的山顶，比高超过260米~270米的十几米宽的小河就在前面脚下。三角点和两侧及身后的群山，海拔都在4 000米左右，身披积雪，构成无边无际的琼玉世界。"凹"的低横即谷宽一两公里，数不胜数的融水小溪沿着深沟浅壑奔向翠绿的山谷，汇成玉带，向谷口流去，云霭茫茫地走完至少四五公里的路程，融入天际。蓝花、黄花、白花等像繁星一般撒在河床两岸。在峡谷的中部，河两岸，小溪织就的水网中，数座牦牛毛质地的黑帐篷，几缕炊烟，几多牛羊，几许惬意。河床这边，河床那边，也有三三两两的马匹在草原啃青。是个大好晴天，雪山与河都在阳光下闪闪发光，相互映照，十分醒目提神。一只猛禽在湛蓝的天空盘旋，蓦地收拢双翼，流星般冲向大地，抓起一只羔羊，腾空而起！羔羊竭力挣扎，连声音都没有留下，就与掠食者一同消失在山谷之中。一阵清风瞬间抚平了一切，以至牧民似乎没有察觉损失。云舒雾卷，阳光晦明不定，在草原投下时亮时暗、移动的影子。

又见炊烟，只是听不见狗吠……

高原的气候瞬息万变，晴朗的天空渐渐布满乌云，狂风驱赶着弥弥漫漫的乌云上下滚动，向观测点逼近。道道闪电，声声雷吼，大雨将至！我赶紧把仪器从脚架上卸下来，刚装入仪器铁桶内，雨点夹杂着鸽蛋大小的冰雹就劈面迎头打来了。小山头周围，电光闪耀，雷声轰鸣。已来不及把仪器用帆布盖好，我急忙往山下跑。帐篷离山头不足30米，刚蹿进帐篷，左臂还露在外面，一道炫目的闪电就追上了身，我顿时感到左臂被剧烈的麻木所秒杀，继而惊天的雷声震耳欲聋。多少年后我仍在想，当时如果迟一秒钟进帐篷，就一命呜呼了。不到半个小时，大团大团的雾窜东游西，太阳闪烁在浓雾的夹缝中，但眨眼间，光芒又复照大地。我急急忙忙上山察看情况。测量三脚架面被雷击穿了一个小孔，脚架面是用铜金属做成的，其厚度有6毫米左右，雷击的小孔直径有5毫米左右，奇怪得很，圆圆的好像用钻头钻得一样光滑；约1毫米厚的仪器铁皮罩没有穿孔，但被烧焦了比大拇指略大的一块。看到此景，我的心扑通扑通大跳起来，这台眼下还在中国地震局第二监测中心库房里的仪器的号码为No.58189，跟随自己转战大西南、大西北立下了汗马功劳。再者说了，前面还有千山万水等着它工作呢，如果被击坏了，怎么得了呢！我急忙取出仪器罩察看仪器，仪器竟完好无损，真是奇迹！

我举目远眺。哎哟，天哪！大自然又创造了奇迹。在河谷上空，横跨两山，呈现出两道几乎平行的巨无霸彩虹，如图所示（从叙述角度着眼，该图应逆时针旋转90度安插；图中的一道虹代表着"两道几乎平行的巨无霸"彩虹），还有几道霓从河心悄悄升起，分别弯向两边山巅，十分绚丽、壮观。彩色吉祥把人全包在内是不由分说的，天上人间是分明的。更为奇特瑰丽的是，在跨越山谷的彩虹下，凡大的溪水上都架起了大小不等的小霓桥，且基本平行，叠加成环套环的自然奇观。右边的山向河床突出了一部分，在这一突出地段，无论是由河心升起、弯向右边山巅的中型霓桥，还是位于其下的小霓桥，数量都明显居多。一时间，整个山谷横向的霓桥、斜向的霓桥，交叠错落，大小悬殊，皆熠熠生辉，令人目眩，神不守舍。

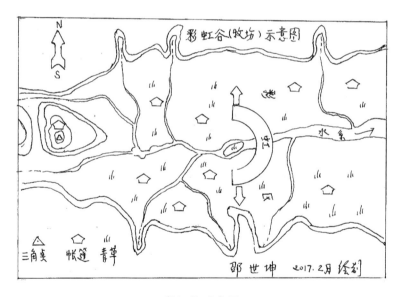

彩虹谷示意图

与此同时，寂静之中藏歌响起。

与此同时，以我脑袋为圆心半径不到 1 米处，形成了金光灿灿的光环，光环的下方与肩齐平，就像一口大锅似的扣在了我的头顶。我想伸手跳跃摸一摸它，但由于始终相距0.2米左右而摸不到。无论我怎样活动身躯，或蹲下或站起或跑跳，光环一直与我保持等距离，且我走到哪，光环跟到哪。我不知这是不是"大难不死必有后福"的先兆，只觉得既神奇异样，又兴奋愉悦。可惜当年不是自拍年代，无法把它自拍下来；如果能把它拍下来，我想照片上的自己就像因功德圆满而佛光罩顶的佛了。这种情形一直持续到太阳西斜，云消雾散，光环才慢慢消失。此刻我顿悟，只要勤劳奉献、甘于吃苦，其实每一个人都是佛。毛泽东同志说过："我们共产党人为人民服务，与释迦牟尼善度众生原是一个宗旨。我们要团结广大的佛教徒为人类的利益而认真地工作。"所以，我在川西—果洛地区工作时，特别尊重藏族同胞的宗教信仰。也正因为如此，我们观测组也得到了信众的理解、支持，任务完成得比较顺利。

10天后，我左脑门至左腿半边身躯的麻木才消失。当时，帐篷里的樊生玉因七九步枪的枪筒伸在外，也连带受到雷击，只不过伤势比我轻，几天后就好了。

彩虹谷位于青川甘三省交界地带，人烟极其稀少，天然景色深藏不露，不知今天当地政府有没有"两眼向内挖潜力"，把它作为一个旅游景点开发出来，供广大游客从一个崭新角度欣赏神州大地，用大自然之神奇、之大美为当地藏族同胞脱贫增添动力、活力？说到旅游景点开发，神山西坡登顶原本也是"不等不靠只有一套"的，只是不知道当地领导班子有没有意识到自己在天然资源方面所拥有的巨大优势，进而考虑和将其和彩虹谷联袂开发，剑走偏锋，为天下登山爱好者、攀岩者乃至所有驴友打造一个福地，引得财源滚滚来，使青川甘三省交界地带的所有贫困村统统脱贫，使各国各族人民都有希望与彩虹约会，拥抱佛光。

国测一大队老兵——我的后福可能就体现在这里吧。

转战果洛山南北

一般作业组每年从 3 月中下旬出测至 10 月底收测，可完成 10~13 个一等三角点的观测任务，个别组最少的记录是 8 个点。1962 年这一年，唯我们观测组继续冬季作业，克服种种困难，完成了19个点，除1个点被其他小组拿下外，就完成《神山》篇"中华人民共和国一等三角测量局部锁（网）布设示意图"中的"甘孜基线网—白衣（玉）寺基线网"这一条整锁，创下了全国高海拔、高寒地区测量纪录！

我们组主要在果洛山（巴颜喀拉山）南北，即四川省甘孜、色达县与青海省班玛、达日、久治等县一带工作。这一带人烟稀少，如班玛县城人口不足千人。作业区处在黄河支流与雅砻江支流的分水岭地段，最困难的地区位于巴颜喀拉山脉以北，观测点三分之二以上在海拔5000米以上，突显了大地七队特属青藏高原分局管辖，专啃硬骨头的工作性质。

工作一开始从甘孜北上，向着青海班玛县方向观测，即一等三角锁甘孜—白衣（玉）寺这条锁境内。其中有一个三角点把同志们折腾得够呛。该点海拔高度约为5200米，山势陡峭，无法把帐篷运到靠近点位的地方，只好搭在山下有水源之处。点位与驻地的比高不会超过1000米，但大家爬了约5个小时。当爬到中间时，在我们观测组蹲点的三中队支部书记秦瑜（继纪书章之后为大地七队三中队支部书记）突然脸色苍白呼吸困难，说胃痛得厉害。我赶紧让贾子友护送秦支书下山。我与祝良佐、张涤华继续攀登。都快要到点位了,张涤华又不行了,瘫在地上,大口大口地喘气,脑门汗直流。我上前询问,他说主要是头痛如裂,心跳得厉害。我觉得这是因为吃不饱,体质欠佳,脑子缺氧造成的,就赶紧让祝良佐护送他下山。只剩下我一个光杆司令了,当爬到点位时,我一看傻了眼,上柱石(标石的组成部分)被破坏了,并取走了铜标志。我当即向各司光站发了信号,测站标石被破坏,4天后中午12点准时联系。

下山的路上,我一直思忖着怎么办。向远在巴塘的队部求援是不可能的,看来还是自己解决,能争取时间。吃过晚饭,我召开了小组会,我在会上讲,我们遇到的困难是暂时的,主要原因是吃不饱肚子所造成的。我说,我们与红军长征相比,现在遇到的困难不算什么。我们一定要想方设法,完成任务。秦支书也给大家讲了鼓劲儿的话。大家的情绪稳定,都表示一定要战胜困难,不辜负党的期望,于是我布置了任务。

"明日贾子友护送秦支书到甘孜,就在甘孜把柱石模型板做好,买好水泥并尽可能买些副食回来。"这时,秦支书插话说他坚决不回去,正说着,可能情绪有些激动,脸又白了，话就此断了。我说："不回去也得回去，你的身体比张涤华差得远，出了问题谁负责？请你给我点面子，让我少担心。"这位中队领导仍然坚持小病不下火线。我反驳道："是小病吗？我看这一次不像胃病（后来得知是冠心病发作）。"中队领导这一次再也没吭气。紧接着我对祝良佐说："你明天到班玛县找县委米书记，你胆了要大一点，把这里的情况如实向他汇报，请他再给我们批一只羊。米书记待人很亲切，上次找找他批给我一只羊，他是很痛快的。"次日，他们借来牦牛夫的马，上路了。

剩下我和张涤华。张涤华做饭，我到离驻地约4公里的小河边筹备沙石，捡一些小鹅卵石。仅用了两天时间，我就轻轻松松把沙石运回帐篷。

第三天，祝良佐就回来了。哎哟，天哪，过年了！马背上居然驮了两只羊，还有一些副食品。米书记还特意托祝良佐，送一盒古巴雪茄烟慰问我。在供应特别紧张的岁月，根本买不到香烟，米书记送测量朋友一盒自己舍不得抽的古巴雪茄，让测量人享受高干待遇。他知道测量人在荒山野岭像野人 样生活，像野人一样涉险犯难，有时又像野人一样孤苦无助，确实很不容易，他更了解测量工作对国家和地方的重要性。我心里暖暖的，还是共产党的干部好呀！米书记是县委书记里少有的高干，和颜悦色，亲民爱民的工作作风令人敬佩。

次日，我爬上点位，发信号让各司光站来取羊肉。第二天，5个司光站的5个司光员就相继来了。两只羊，测站只留了半只。下午这一餐我想搞一次手抓羊肉，转念又一想，这半只羊，约15公斤肉，8个人一顿就抓得差不多了，还得给驮夫一点，不抠紧怎么能行？于是，切了四五斤肉，烧了一锅汤，大家吃得很开心，一扫而光。晚上两个人挤一个被窝，还蛮不错呢。与司光员两三个月也见不了一面，大家都有说不完的话，一直到深夜才入眠。次日早饭后，各司光员奔向自己的岗位。我叮嘱他们，本点由于浇灌标石，不能马上工作，先到下一个点观测，大家都说知道了。

贾子友把秦支书安全送到甘孜后，往返仅用了6天，也大大节约了时间，出差质量顶呱呱。模型板水泥带回来了，还买了几斤腊肉和其他一些副食品。人吃饱了，情绪到底好。第二天我让张涤华在家做饭，我同贾子友、祝良佐背上沙石、水泥、水，还有从西安带来的铜标志以及食物，向点位爬去。天大亮了，我们仨才出发，不到12点就到达了点位。大家一齐动手，很快就把柱石灌注好了，回到营地还不到下午 4 点钟。

过了 20 天，当新标石凝固后，测站又来到此点，这个点从前到后究竟爬了几次，我说不清了，但我记得该点观测还是顺利的，露宿山头仅 2 夜加上 3 个白天就完成了。天气也不太冷，夜里不太冷；白天天气十分晴朗，远眺，山连山到天边，白绿蓝相间。白是雪白，绿是碧绿，蓝是晶蓝，空气那叫一个鲜，城里上班族哪里有福享受？我爱跑米跑去，深度旅游！

尽管标石被破坏，影响了近 1 个月，但至 10 月中旬，已完成 14 个三角点，还超出 1 个点，电报告知大队部：我们准备收测了，看还有什么指示。大队党委书记赵鸿端回电，大意如下：再给你组增加 4 个点，外加协助母玉书组，返工一个叫上扎聋的三角点。该点图形不闭合，可是他们组已回到西安了。新增 4 个点的目的是想把这一条锁全部完成，明年我们要转移测区，进行巴东二网作业，免得明年再来。看你们有什么困难？

接到这个电报，我很不痛快。替母玉书返工上扎聋点，比增加 2 个点的任务还要重。该点是 6 个方向，需组织 6 个司光站，测前测后还得重新投影，以测定标石中心与司光中心的偏差。何况又是冬季，还需长途迁徙，才能到达上扎聋点；再加上新的 4 个点，比半年的工作还要多，这不是鞭打快腿牛嘛。后来我以红军长征精神激励自己，还是想通了，人民的利益高于一切。我回电报：

"来电收悉，保证完成任务。"

深秋初冬，食物来源紧张不说，饮水也是头疼事。大雪封山，水源被冻死，河沟小岔都没有水了，只能化雪融冰做饭。于是，我就叫驮夫坤得到牧民区买牛粪。开始 1 元钱可以买 1 麻袋，后来 5 元钱人家都不愿意卖了，怕影响自己过冬取暖。那就省着用呗，只有做饭化雪融冰才动用战略储备，洗脸刷牙等一律禁用做饭水。

再谈与严寒的斗争。究竟冷到什么程度呢？晚上睡一夜，被窝没有丝毫暖意，早晨起来，胡须眉毛挂霜；而 1975 年，我在珠穆朗玛峰海拔 6 000 米的营地睡觉，小帐篷内挂霜，胡须眉毛不挂霜。御寒装备对比悬殊。

白天观测要好得多，一般不会超过零下 10 摄氏度，但也需牛粪火取暖，否则记簿、观测都难以坚持较长时间。夏天观测 1 个单角只需要 3 分钟，现在观测 1 个单角得 6 分钟，原因是 T3 仪器的望远镜横轴和竖轴都被冻得很不顺畅了。观测时，必须屏息才能照准读数，否则，望远镜目镜和读数窗目镜就挂霜，且顷刻凝为冰。还是 1975 年我在珠峰，观测时仪器旋转灵活，之后并没有此现象，现在又遇到了。6分钟后带着毛线手套的手就冻僵了，观测员必须烤3分钟的火，才能缓过劲来，记簿员也是如此。要完成1个点，同志们必须比夏天付出成倍的劳动。好在这返工的1个点加上新增的4个点都没有蹲山头露宿，山高雪厚不愁水，帐篷可以搭得靠近观测点，同志们因此少受不少罪。

"若问苦不苦？想想长征两万五；想到长征两万五，再苦也不苦。"

就这样观测组克服种种困难，于12月31日完成上述5个点的 等三角观测任务。

收测了，大家都很高兴。可是临行前一夜大雪，清晨骤然把帐篷杆压断，帐篷闷声倒塌，门推不开，把大家整得够呛。好容易摆脱窘境，准备烧点雪水，暖暖肚子再走，但炊具在外一夜未收，眼下在约一尺深的雪中找不见了，大家情绪极低。大雪依然下得繁密，四周皆白，一片沉寂。我一声令下：

"不吃饭了！赶紧收拾帐篷，绑驮子，向甘孜进发！"

到了甘孜，卸了行李，辞别了牦牛夫，住在旅社等候汽车来接，1963年元月12日才离开甘孜。14日到达成都，住在成都人民饭店。人到成都，就像庄稼娃第一次进城一样，五彩缤纷的花花世界，两眼都不够用了，心情特别愉悦。顾不上去理长发，也没洗澡换衣，我就对张涤华说："走，到饭馆喝酒去！"找了一个比较高档的饭馆，我要了一盘芙蓉肉片，外加两个拼盘，就与张涤华开怀畅饮。酒过三巡有点晕乎。这时，来了两位警察，像审犯人似的问我俩是干什么的。我顺口答道："要饭的。"

警察说："要饭的，还吃得这样好？"

我接着答道："有谁规定，要饭的不准吃好的？"双方对话有点冲，于是张涤华说："我们是测量队的。"

警察说："啊，你们是吃粮队的？"

我随即顶了一句："你才是吃粮队的，连个话都听不懂，还当警察呢。"

警察说："你这个人怎么这样讲话？"

"我的讲话有错误吗？"

"跟我们到派出所走一趟！"

"我又没犯法，你算老几？我跟你走？"

警察急了，拿出手铐就要拷我。我也急了，一拍饭桌站起来："你要给我戴手铐，最好把你们的省长大人或成都军区司令员叫来，给我铐上还可以。你还没有资格呢。"

说着，我顺手从保密袋里拿出两张测量"通关"公函：一张是四川省府办公厅的，一张是成都军区的，往桌子上霍然一拍，喝道："你两个睁大眼睛好好看看！"

他俩看了好半天，转怒为笑，"对不起，对不起，实在是误会。"说完转身走了。

我下来一想，警察找上门也有道理。那个时候，蒋介石叫嚣反攻大陆，派了不少特务来大陆。因为我俩穿得破破烂烂，满脸野相，无怪乎告密者警惕高，把我俩当成特务报警了。

火车票拿到手，元月 18 日才离开成都返西安。

看到这里，年轻读者中或许有人要问我："老邵，你这么辛苦，这一年挣了多少钱呀？"我的工资在小组最高，算上各种补贴在内，每月收入 120 元，留家 30 元，90 元留在手边，大部分都补到小组的伙食里了，年底结账，还剩 200 元。年轻的朋友，今日的艰苦奋斗，正是为了创造未来的幸福，没有艰苦的开端，岂能有幸福的未来。幸福来源于艰苦创业。

湖北、陕西工作区

◇ 武当山轶事
◇ 神农架轶事
◇ 化龙山下

武当山轶事

1963 年 3 月 1 日出测，投入巴东二网观测。大巴山地区与武当山地区是巴东二网观测最困难的区域。领导出于对我的信任，又一次将最困难的测量任务交给了我们观测组。从出测至 1964 年 9 月，我们组在大巴山地区至武当山地区摸爬滚打了一年半，十分艰辛地完成了任务。那时候，交通不便，迁站搬家异常困难。身背仪器，肩挑行囊，日行百里，汗水洒遍测区。超负荷的劳动，把我和战友张涤华、樊生玉、樊慎荣（健在）等都锻炼成了"神行太保"。

到达武当山，先挨了一闷棍。不知谁把新建的武当山觇标拆除了。失去觇标，与武当山有关联的 10 个方向就无法观测。第二个困难是，四马沟垴点与桑树娘点不通视，而四马沟垴点必须于武当山点联测，不打通这犹如经络般的联测网关系，就无法观测。根据计算的结果，必须在四马沟垴点建造 19 米钢标才能保证通视。于是，我将上述情况汇报给已升至第七大地队队长的赵桂孝，听候指示。答复是自己设法解决问题。军令一下，我们就必须付诸行动，我就派张涤华去武汉要来一纸湖北省政府办公厅公函，总算解决了准许在武当山顶施工的问题。钢标何来？怎样才能尽早建起来？就近取材最好。经过调查研究，我上报赵队长获批，又派樊生玉等人去襄阳的太平店拆了一座 19 米的旧标，移花接木，把四马沟垴点的钢标竖起来了。与此同时，把武当山的 5 米寻常标也造好了。大家齐心努力，忙活了不到 20 天，所有问题全部解决。其间，赵队长徒步运送口粮副食到工地，脱下衣服就和队员们一起干。他的这种雷厉风行、说一不二的作风也深深地影响了身边的同志们。一次迁站，赵队长深知此地民工难雇，不由分说，替我背 20 公斤重的 T3 仪器，那一刻，我对赵队长的印象不再是冷冰冰的，不再认为他是高高在上的官了，我打心眼里认可这样的官并不好当。

工作基础打好了，投入观测如鱼得水，在整个作业期间，再也没有遇到太大的困难。至于一般的工作之苦，我1963年7月8日写了一首打油诗，也许能对观测组的情况了解个大概。

> 大雨倾盆下，
> 冒雨灌林爬，
> 急翻韩家梁，
> 暮夜来兵房。

所谓"兵房"，是说观测站当年安顿在解放军的营房里。观测任务之重要、急迫，由此可见。

当然，工作再繁忙，也有休闲的时候。武当山盛产太和茶，据说昔日是皇帝的贡品。工休期间，我目睹了加工太和茶的全过程，才知道茶农也是很辛苦的。

武当山金殿的张住持是有功之臣。解放战争期间，国民党的部队在湖北将李先念率领的5 000人马打散，要活捉李先念。足智多谋的李先念化装成老出家人，张住持说自己当年打扮成小出家人，二人一唱一和跳出了国民党军队的包围圈。新中国成立后，李先念邀请往日的小出家人到北京做客，并给客人做了一套蓝卡其布的中山装。我与张住持处熟了，他引以为自豪地指给我看那套中山装。金殿的镇殿之宝是铜铸的龟蛇交配像，我把它和其他十多件文物用相机拍了下来。可惜的是，这些珍贵的照片在后来的多次迁站搬家中大多遗失了。

张住持对我说，当初将武当山的舰标拆掉，目的是保护武当山的文化遗产。我闻讯很不爽，因为当初选址就选在明代建金殿冶炼 16 块铜板的遗址上，在此处建舰标，一来离金殿有较远距离，二来不在制高点上，三来在石头地面上，应该无碍于当地文化遗产保护。后来我意识到，如果这座舰标不拆除，从大的格局看，还是有碍武当山风景观瞻，不利于开发旅游业。

1963 年 7 月 15 日，我工作之余由老君堂转悠到紫宵宫。据说，1931 年贺龙曾来到这里，有不少的伤病员在此养伤，所以守宫的师傅们都是功臣，新中国成立后，他们都是省政协委员。其中，有两位见到了贺龙元帅，享有政府补贴的王师傅就是其中之一。

王师傅，河北人氏，原是国民党军队营级单位的文书。后双目失明，滞留在武当山。此人博学，四书五经、唐诗宋词以及中国历史，讲得头头是道，只是两眼一抹黑，生活诸多不便。我也给他讲自己的过去，说小时候家里很穷，但不知为什么，穷人家养的东西都很争气。我在讲了"小花"的故事后，隔天又与王师傅拉家常，说家里还养了一头牛和一只骒子。这牛的名字也叫"小花"，比"大黑"还憨厚肯出力，加上自身也有劲，干起农活呱呱叫。村里谁家的大轱辘车陷到泥地里出不来，就会上门来借"小花"助力。"小花"到了现场，哪里会含糊，套好后，一声吆喝，就见"小花"往前一冲，冲到顶峰时，头极力前探，双膝借势扑通跪地，再平添一把力，应声将大轱辘车拽出泥窝！冬三月，租借到林场，在冰雪地面直接拉树干，开春回来能挣两张百元日钞（票面上印着百只绵羊），相当于一个人半年的工资；只是去的时候膘肥体壮，接回家时就剩两张皮了，家父心疼得只掉眼泪。骒子嘛，不知啥品种，长不大，小小的，但极聪明，更通人性。骑着它穿林子，或打树下经过，它总是担心树枝伤着主人的头，届时会恰到好处屈膝下挫身子慢慢通过，那颤颤巍巍、小心翼翼的模样，惹得人哈哈大笑。"懒驴懒马屎尿多"，发泄的是对出工不出力者的怨气。小骒子正相反，套上了磨就可着劲拉，且越拉转得越快，直到把自己累趴下为止。后来，小骒子不知得了什么病拉不下屎，二叔用手掏也不管用，结果就那样死去了。二叔心疼得一连哭了几天。穷人家失去好帮手，损失真的不小啊。王师傅听到这里，像是安慰我似的说，穷人命大，老天爷让穷人有个好身体，有钱人福浅，享受不完就得走。我从自己的童年说到即将到来的而立之年，越说越认为只有人民当家做主才能幸福万年长；王师傅从古说到今，归结到自己在武当山里的幸福生活，认为还是新中国好。我俩越唠嗑越觉得心里暖融融。武当山的云天风光与巴音布鲁克草原的云天风光相比、与藏南草原的云天风光相比、与川西草原的云天风光相比，以及与果洛草原的云天风光相比，很难说谁比谁更怡人爽神，只是武当山多了百鸟啁啾、山泉叮咚。美好的大自然啊，让人更加热爱生活。我很同情王师傅看不见武当山的大好风光。王师傅与家人失去联系已经 20 多年了。我根据他提供的地址，写了一封信，其家人收悉。他孙子来武当山把老人家接回老家尽孝颐养。后来王师傅还给我写了一封感谢信。

1963 年 7 月 30 日，我在武当山写了一篇散文，摘抄如下，作为本篇的结尾吧。

早晨，我手拉石栏铁链，步登青石天梯，穿过廊洞、南天门，向金殿爬去……

太阳把轻柔的纱帐揭起，渐渐露出青葱秀丽的群山。

螺髻似的五老峰、气势雄伟的狮子山、如碧玉簪般的三公山就在我眼前。远眺翠绿的山峰，层层叠叠，夹杂着白色的岩崖，真是好看。

阵阵微风带来的叶萝藤蔓的芳香在清新的空气里飘洒着……

祖国的山河多美丽呀！

邵世坤 1964 年 6 月
在武当山天梯侧围墙角楼下留影

神农架轶事

（一）深山里的美人国

神农架地区夏季雨水特别多，在某三角点上，雨下了半个月，还不见天晴。那时候没有行军床，测站的我和顾学宏、樊生玉3人就割些柳条垫着睡觉。雨不停，做饭也成了问题，没有干柴，到外边捡柴，我们仁都得把衣服脱光，否则把衣服打湿了就更难受了。捡回来的都是湿淋淋的，就用昨天的炭渣把火引着，没有吹风机，大家轮流撅着屁股吹，把人吹得头晕脑涨。湿烟浓厚，把人呛得喘不过气来，眼泪鼻涕不停地流。3个小时才能把水烧开，下点面条，放上点盐，吃到口实际上成了面糊糊，这就是一天的伙食。被褥都是湿漉漉的，我看这样下去身体会搞垮的，就征询顾学宏和樊生玉的意见：

"咱们到麻风病医院去避避雨吧，如何？"

麻风病院离测点很近，建在半山腰的坳处，走15分钟就可到达，若天晴了，往返也不会影响工作。如果到居民点住，至少有10公里之遥，是不能选住的。

但顾学宏不敢去住，怕染上麻风病。

我说："不要紧，我到竹溪县办公室了解情况时，听主任介绍说：'你不与麻风病人直接接触的话，是不会被传染的。'"

顾学宏还是不敢去住。

我说："你不想去，就留在山上，我俩保证每天给你送一次饭，你意下如何？"

顾学宏看我决意下山，也就只好顺从了。

我们仨背上 T3 仪器和资料离开潮湿的帐篷下了山。一进门狗就叫，院子里的人知道有外人来了。小道两边盖着 20 几间小平房，钻出来的都是中青年妇女，至少有 40 余人。我虽然知道麻风病疗养院不许男女混处，但还是奇怪怎么没有少女和老妪。她们像看野生动物一样，盯着我们。病后初愈的女同胞，个个皮肤白嫩细腻，水灵儿的脸蛋白里透红，仿佛可以挤出水来。世人都说美人少，跑外野的男人更是一年半载难见女人，原来美女都藏在这里！

王大夫热情地接待了我们。第一餐是猴头炖腊肉外加几个小菜，饱餐一顿。我曾听家父说，在这世界上，最好吃的菜肴是猴头、燕窝、鲨鱼翅，现如今第一次吃猴头，终生难忘。

在麻风病院住到第三天，天气逐渐好转，有的山头都钻出云层了，我们仨何敢乐而忘工作，立马抄家伙上山干活。8 个观测方向，依照老天爷安排，测测停停、停停测测，到了第 5 天，任务总算全部抢着完成了。

在这 5 天里，我们吃的都是山珍，部分野菜连生长在长白山下的我也不认识，反正是非常可口。有一种小菜后来我再也没吃过，是将带着两三厘米长细枝的青花椒用甜面酱还有什么作料腌成的,青花椒及其细枝脆生生的,十分可口。有一次,我感觉到这入口的青花椒碧连枝与甲鱼、老白干很搭,于是就想起了京剧大师周信芳,想和周先生分享眼前这一碟神农架小菜。满座美女,青山增色。"翠花,上酸菜",说的不全是别人的故事呀!这5天对测量员来说,实实在在是休养,个个体力大增。由于主人的热情接待,临行话别,真有点难舍难分。当我们离开麻风病院时,女同胞列队笑眯眯地鼓掌欢送;我们走出老远,她们还挥手再挥手表示诚挚的谢意。我们几天来享受的美食都是她们的劳动所得。当年,作业津贴是每人每天0.4元,按照有关规定,外业期间,在当地群众家或单位应急就餐,1人1餐需交0.2元伙食费。我们有感于东道主的伙食比测站的终日面糊糊好到天上去了,自愿按1人1天1.5元的标准结账。东道主说什么也不收,推来让去,我一锤定音,以1人1天1元的标准结清了伙食费。

麻风病医院的医、患及管理人员吃的东西基本都是自产的,也销售一部分,其他方面政府给予补助,比如药品等。麻风病真的不可怕,在我们居住期间,就有一位美女在马海德医生精心研制的特效药的治疗下出院了。我衷心祝愿所有患者都能早日康复出院,把美丽还给社会。

（二）山林一天

1964 年 6 月 8 日。阴天间小雨。

中场垴上点是个二等三角点，林木繁茂，人烟稀少。我和战友早上 8 点从山腰向中场进军，爬了一会儿，就进入了遮天蔽日的乔木林。脚下杂草丛生，密集的竹子挡道。在陡峭的羊肠小道上，背仪器的背仪器，扛脚架的扛脚架，攀登、攀登、攀登。小雨淅淅沥沥添着乱，但也送来清凉。山林行，陡峭的山林行，负着重物的陡峭山林行，小雨中负着重物的陡峭山林行，须脚板功大过硬，也须腰杆柔中带有几分刚。累是很累很累的，苦也是很苦很苦的，但我觉得与人在雪山大漠遭遇的苦累相比，不足挂齿。直起身子远眺，满眼的浓绿鲜翠在雨雾中遮遮掩掩。风来风又去，乔木林中处处散发着野生党参的幽香。

中午 12 点，一行人赶到了预定目标——漆棚。

漆棚小小的，是用草编织而成的，与周围的环境很搭，正如同测量员无论走到哪里都与大地很搭一样。我们在此吃上几口，喝上几口，再说上几句，继续赶路。沿着崎岖小道入云端，手脚并用爬着走。药农樵夫探出来的路越来越细，终于消失。如何是好呢？我没有片刻犹豫，立即放下仪器，披荆斩棘，凭借经验充当探路者。就这样，探一截路，垂直传递一次仪器、脚架，后面的人垂直跟进；再探一截路，垂直传递一次仪器、脚架，后面的人再垂直跟进。我攀岩还好吧，昔日练就的基本功在此派上用场了。三四米高的直立崖壁，后退数步纵身上前，右脚尖先踩登一个稍稍凸出的点，左手扒住一道缝，右手就扒实崖顶，同跟上的左手一同发力，引领全身登顶了，整个过程如同一道闪电。此地虽无后退数步的余地，但基本功却时时处处被逼得发扬光大。

这是与药农樵夫间的一场超越时空、不见对手的对决。除了披荆斩棘，还是披荆斩棘，垂直垂直再垂直，树叶有情勤擦汗，葛条藤蔓来帮忙，我一次次行动换得一次次高级别提升，终于手把手将助手和工作的家伙都带到了中场垴上点，胜利属于"勇敢的测量兵"。时值下午3点，放眼四望，浓云密雾雨烟茫茫，脚下为峰，峰在山林深深处。神农架呀，神农架，我们狼狈不堪，又渴又饿，好想有个家！整个后晌都无法观测。下面这首打油诗是我当日写的，它的前半部分点出了那天夜里的滋味和"家"的滋味。

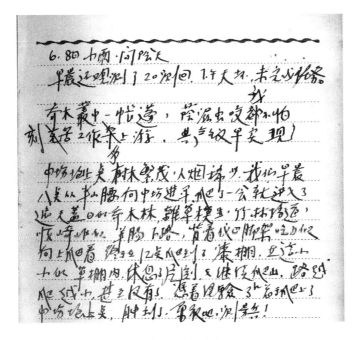

当天日记手稿

乔木丛中（乔木林中杂草丛生）一帐篷，

阴湿虫咬我不怕。

艰苦工作为国家，

共产主义早实现。

（三）龙凤斗与割漆匠

在神农架观测组驻地附近的农家场院边，一只大公鸡与近 2 米长的蛇在宽处相逢了。宽处相逢，还是勇者胜。

有谁为证？唯一的观众就是我邵世坤。我半生与蛇有缘，也该独享此眼福。

免费送上门的龙凤斗拉开序幕，但见蛇来势汹汹，把头昂起一尺高，总想缠住大公鸡。大公鸡颇有湖北英豪范儿，还真的有些像九头鸟，总能利用铁杆似的长腿跳出包围圈，且越战越勇，不断尝试着用喙啄蛇的眼睛，甚至企图用利爪踩来犯者的头。苦战 10 来分钟，在地利、人和两方面都不占优势的蛇终于耐不住持久战，溜之大吉。

当然，在大巴山地区至武当山地区观测的 18 个月中，更多的还是吃苦。如还是在神农架，一天我路过割漆匠的家，进屋看了一眼大缸里的漆浆，结果造成严重过敏，全身红肿起疙瘩，钻心地痒，晚上睡不成觉，足足把人折腾了十几天，疙瘩才慢慢消失。而割漆匠由于漆中毒，手都烂了。我十分同情割漆匠，于 1964 年 7 月 6 日在大坪垴二等三角点上作了一首打油诗：

林海茫茫不见天，孤身漆匠跑遍山。

砍刀不停咔擦响，来日登树收漆浆。

市中人们用漆多，可知漆匠苦又难。

化龙山下

　　登临化龙在鄂陕，群山争雄尊化龙。

　　攀云踏雾学神仙，脚踏高峰胸怀觅。

　　一览群山尽变小，青春献给测绘业。

　　山舟荡漾在雾间，四海为家绘蓝图。

　　这首诗是我于 1964 年 6 月 25 日登上化龙山进行观测时所作的，据此诗落款，我回忆起发生在 25 日前半个月间某一天发生的故事。

　　大巴山位于陕西省岚皋县以南，四川省城口县以北，湖北省神农架地区以西，是一个北北东（地质学术语）走向的山脉，也是小洞河、岚河、大宁河等河流的分水岭。该地区林木葱葱、溪流潺潺。断崖绝壁下，青阴匝

手绘北北东示意图

地，凉森森，静幽幽，如泉如渊，如恋如忆。测量员呀，测量员，你一年四季跑来跑去苦不苦？山风过，绿浪卷，花鸟展翅飞。大自然景观越好的地方，往往是测量员最困难的作业区，在这些地区，由于人烟稀少，野生动物颇多，随时有遇到险情的可能。

挺进大巴山，勇者胜！所谓挺进，就是犯险涉难，就是杀开一条血路，你不坚挺、雄起，还真的行不通，诚所谓"故非有志者不能至也"。越接近位于陕西镇坪县大巴山第二主峰化龙山，人烟越稀少，最后走一天也难见一个人。因为迁站无路可走，从这个三角点到那个三角点，只能沿其方向摸索着开路前进。化龙山三角点把观测员折腾得够呛，主要困难是搬家找不到人，周围的七八个三角点，凡与化龙山主峰有联测关系的都是如此。

每次迁站都是经验比较丰富的我在前面开路。探路者做好标记，后面的人按标记前进或行事，这样少走弯路，大大提高了工作效率。大巴山深处，草丛密集，为了抵御蛇咬和野兽的突袭，我做了个手杖，一路拨拨点点、敲敲打打摸索着前进。一日迁站遇到一片大草甸子，草深处一人多高。走着走着，我就听到沙沙的响声，此刻一点风都没有，哪来的响声呢？刹那间，我联想到了武松在景阳冈虎将出的那一阵风过，浑身止不住绷紧，有些怯阵：云生冈起有猛兽！我攥紧手杖止步，抬头向响声处望去。天哪！原来是一条大蛇，好大好大，硬生生将似墙的蒿草都压倒在两边。蛇头呢？我定睛一看，原来就在眼前，最多有3米的距离，正虎视眈眈地瞅着我呢。我的头嗡的一声，浑身血液立即沸腾起来。蛇身约20厘米粗，脖粗不会小于10厘米。小时候捕蛇玩，直径超过3厘米的蛇的体重和反抗力量就很令我吃不消了，眼前如此大的蛇，从来没有见过，甚至不曾想到。这家伙嘴是扁平的，背有黄色的斑纹，全身青色。我断定是无毒的乌梢蟒。俗话说蛇吞象。蟒是会吃人的。蟒昂起头离得如此近，一跃而起估摸着是收拾我的最佳距离。我见过指头粗细的蛇偷吞鸡蛋的情景。我照此情景思摸，我只有130斤，蟒只要咬住我的头，不超过3分钟，我就会被蟒吞入肚里了。这可怎么办？我忽然感知手杖被自己攥着。这是一个令人立马踏实的感知，我好似吃了一粒定心丸。手杖是用柞木条削成的，至少4厘米粗，约1.2米长，带着把，既是我的探路利器，也是我时刻准备着与猛兽搏斗的家伙。大巴山地区与武当山地区被视为内地，而内地治安情况良好，作业一般都不带枪。没枪又如何，武松使用棒！我想，蟒如果扑上来吃我，必然张开血盆大口，那好，我就因势利导，用手杖乱捅它的上颚，捅进它的咽喉，它就缠不成我了吧，吐出来又困难，鹿死谁手还不一定。毕竟我的绰号"邵大胆"就是玩野蛇玩来的！但我那时在战术层面上还是蛮谨慎的，我身子不仅不敢动，眼珠也不敢转。我思摸，自己视线若稍有偏移，蟒必然借机猛扑过来吞我的头，而我如果抢不在被吞头前，把手杖捅到位置，就完蛋了。如此这般，我与蟒面面相觑，各自铆足了劲，绷紧了神经，双方只留下了呼吸，时间就这样一秒一秒过去了 10 多分钟。

一切都静止了，同时又都豁出去了。思绪纷纷乱如麻，又好似空空如也；但还好，我很快就恢复了往日的心理素质和意志。我想，如果连这都顶不住，莫说愧对毛主席的战士称号，家乡父老对我的哺育不是也付诸东流了吗？于是，斗志与力量由此暗暗滋生。

静……

"…… 四郊秋叶惊慑慑……深山窃听来妖精……空山百鸟散还合，万里浮云阴且晴。嘶酸雏雁失群夜，断绝胡儿恋母声。川为静其波，鸟亦罢其鸣……"糊涂，糊涂，老来胡说八道，怎么扯上了唐·李颀的《听董大弹胡笳声兼寄语弄房给事》。把现场丢了不是？现场什么情况？现场的那个焦点如若不叫大眼瞪小眼，叫什么来着？叫货真价实的血雨腥风，十足的野蛮对野蛮。这工夫，樊生玉赶到，我小声说：

"快把铁锹拿来。"

"要铁锹干什么？"

"大蛇拦道。"

"在哪里？"

我用手一指："就在这。"

樊生玉一屁股坐在地上。

实际上 樊吓的腿软了. 一屁股坐在地上, 有响声也吾 动了蛇. 好在还有两个人. 把蛇吓跑了. 如果 樊不到, 我都新教是阿运气好.

2016 年 12 月 10 日邵世坤审稿旁批

随着这一沉重的跌坐，乌梢蟒扭头缓缓而去，"幽音变调忽飘洒，长风吹林雨堕瓦。进泉飒飒飞木末，野鹿呦呦走堂下"，既神神秘秘又雍容大度地收走了极野的腥气膻味，没入芳香无边、无限祥和的草海之中，此地空余一个悄无声息的故事。

是啊，在之前的 10 多分钟里，蟒不仅没有从我的脸上读到恐惧，反而越到后越从我的眼珠里感受到了这家伙既是一个深藏不露的蛇家族的克星，更是一个用毛泽东思想武装起来的战士，一旦自己鲁莽行事，这家伙很有可能把手中的简陋武器发挥到极致，抢先一步把自己送到阎王殿，正如 10 年前，中国人民志愿军把对手送到三八线以南一样；而在 10 多分钟之后，这家伙又来了一个帮手，尽管后来者的胆量不敢恭维，但自己的胜算天平已经更低，此时不撤军，更待何时？

不知过了多久，樊生玉依旧面色苍白，我依旧攥着手杖。我感觉又死了一次，但又活了一次。凭谁问，如此悄无声息的故事在我野外测量生涯知多少？

四川、青海工作区（下）

◇ 雪窝求生

◇ 川西高原除豹

◇ 赤脚踏雪背柱石

雪窝求生

1965 年和 1966 年两年，大地七队三中队又两次出测，来到川西，继续进行一等三角锁观测工作。参见《神山》篇的"中华人民共和国一等三角测量局部锁（网）布设示意图"，其基线网 4 条锁交叉在一起，总点数 80～100，活似乎干不完。工作区间一开始是甘孜周边，接下来向新龙县方向观测，即一等三角锁甘孜—巴塘这条锁境内，方向与 1961 年、1962 年相反。

当年日记手稿

以上是我当年的日记实录，以下故事说的就是"惨归"。4月上旬，甘孜以东的群山仍被积雪笼罩，但在海拔3 000米以下的阳坡，雪快要化完了。测站要找的点位在海拔5 200米一线，安营扎寨后，找了两天仍无踪影，按常规，该点是基线网的扩大点，且是天文点与三角点合二为一的仪器墩，它设在制高点上，按说登高用望远镜瞭望很容易发现。第三天，5个人的测站只留1人，4个人分头继续找。天蒙蒙亮，吃完饭，我拿了1块饼、1块咸菜和几个蒜瓣就出发了。爬了几个山梁，到中午我终于发现了点位，原来选点员画错了1条沟，这一错误虽然只有七八公里的偏差，但在雪茫茫的群山中寻找，就如大海捞针，可把人折腾坏了。找到了点，我很高兴，就急急忙忙往回赶。

如果顺着原路走，翻两个山梁，绕一个大圈子，走的是"弓背"，天黑前可以到家；如果走"弓弦"，直线距离最多3公里，但须下一个大坡，然后再爬上一个同样高度的大坡就到家了。要下的这个坡，其坡度小于60度，大雪覆盖，很适合滑雪，如此好的天然滑雪场，这会儿可以过把瘾了。我怀里揣的半张饼一直没舍得吃，怕遇到特殊情况，晚上回不去的时候垫个底。现在放心了，最多4小时内就到家了。于是，拿出饼、咸菜和蒜瓣，狼吞虎咽地吃起来。吞进去这半张饼，实际上只是个半饱，抓几把雪填进肚子也管点用，顿时精神大振。一高兴，我半躺下来，把两只腿伸直，两手向后一撑，如箭离弦飞速下滑，身后掀起一股雪沙飞烟，大有腾云驾雾之感，特别爽，可还没过足瘾呢，一两分钟已到沟底，自然刹车，兴致全无。我拍拍身上的雪，站起来就往前走，可刚一抬腿，身体就往下陷，七蹭八蹭地想往上爬，雪就埋到了胸口。

完了，乐极生悲！我陷进雪窝了。

定神一看，原来周围有三块巨石，我正陷在这三块呈三角形布设的巨石中间。以巨石作为推算的依据，其雪的深度至少有 3 米，在山上看不清楚，只是个小黑点而已。我一开始有点紧张，后来冷静下来想，不能再胡踢蹬了，如果再胡踢蹬，雪埋到脖子，必死无疑。当我觉得要死的时候，不自主地想了许多问题。想得最多的有两点：一是我还很年轻，党培养一个大地测量员是很不容易的，我还没报效祖国，不能就这样死去；二是我还没娶媳妇呢。

不想死，就得想办法自救。想了片刻，开始实施自救方案。往上爬肯定不行，往下爬积雪更深更糟糕，只有向沿坡的垂直方向挪动才有希望。于是，我开始用双手向西方铲雪，并捧起一把把雪往外扔。然而，每扔一把，溜下来的雪比扔出去的还多，直到溜到一定程度，雪产生了坡度，才很少再往身边溜了。

努力有了结果！

我来劲了，用双手铲出了一个约45度的斜坡，膝关节露出来了。又慢慢地将身体转了180度，躺在这个45度的斜坡上，几经努力，双腿总算拔出来了；雪，旋即就把腿坑给溜满了，但也就在此时，我整个人已经虚虚飘飘浮在雪面上了。我不敢再站起来了，因为一站起来，肯定还会陷下去，只有躺下来，增大受力面且均匀施压，才不至于下陷。于是，我就开始左右翻动。往左翻，雪就往我右边脊背下滑；再往右翻，雪又顺左脊背下溜。这样翻滚的结果，身体开始逐步上升，不溜雪的面积不断扩大，后来雪终于不再溜了。这样又折腾了两个多小时，我才稳稳实实躺在雪面上。长嘘了一口气，心中一阵窃喜，可仅仅十几秒，我就感到眼皮干涩，很快意识到由于紧张和过度用力，已经困乏到家，加之阳光暖洋洋的，把睡神引来了。我警告自己，千万不能睡，睡着了就意味着死亡，黄杏贤沉痛的教训犹如警钟在脑海里响起，于是就咬着牙用意志支着上下眼皮。但睡神死死地纠缠着我，使我不停地打盹。刚一合眼，潜意识就强迫自己睁眼，强迫自己坚持。每次睁开眼，我都觉得神经咯噔一下，不由得冒冷汗。内心呼喊着不能睡，不能睡，千万不能睡。时间一秒一秒过去，觉得越来越控制不住自己了，散发着芳香的死神娘娘正用温柔的手掌摩挲着自己的眼皮，"站岗的黄杏贤"一再告急，就在生死存亡的最后一刻，我灵机一动，把舌头咬破了。这个"二杆子"（陕西方言，意为冒失鬼）行为有些类似我自己两三年前的刮肉疗毒，然而也有效，疼痛转移了瞌睡，我不再鸡打盹式地睡觉了。于是我歇歇滚滚，向前慢慢挪动，终于挪出了死亡之地。4 个多小时的折腾，我滚出了横向 2 米多、纵向 3 米多的大坑。好不容易爬出来了，但双腿已不听使唤了，根本站不起来。悲喜交集的我坐在一块石头上，流下了几滴眼泪。虽然松了一口气，但站不起来还得死。这时，若能吃上一碗热腾腾的陕西岐山面该有多好呀！但这是痴心妄想，我只好抓上几把雪往嘴里塞，聊表对肚子的安慰。冷静下来以后，我就开始捶打双腿，做简单的伸展运动。温暖的太阳已经开始下山，夜幕降临，温度骤降。我发现已经由潮转湿的衣服开始硬起来，要结冰了，死神娘娘再一次悄悄来到了我身边。我不再思考腿能否站起来，想的全是赶紧回去。情急心切，我竟霍地一下子站了起来！啊，腿居然听从指挥了！于是我跟跟跄跄地走起来，欣喜若狂，冲走了饥、困感，但毕竟人是铁饭是钢，睡一觉是钢中钢，爬坡的时候，身上没有力气，我只能爬爬走走，走走爬爬，大口大口地喘气。

月儿露出了脸，我爬爬走走，走走爬爬，大口大口地喘气。月儿升起来，我爬爬走走，走走爬爬，大口大口地吸气。月儿升到了中天，我爬爬走走，走走爬爬，大口大口地喘气。白花花的月光呀，好饿好困的月光呀，你就是我吗？我就是你吗？黑乎乎（濒临昏迷的人的间歇性感觉）的月光呀，晕乎乎的月光呀，你就是我吗？我就是你吗？

月光呀，月光，远行的黄杏贤……

月光呀，月光，未来的妻子，未来的爱……

月光呀，月光，热腾腾的岐山面，软软的床……

月光呀，月光，远行的黄杏贤……

"薄筋光"的臊子面，"煎稀汪"的臊子面，"酸辣香"的臊子面，（"薄筋光""煎稀汪""酸辣香"是对陕西岐山面特色的九字概括。其中"煎""汪"说的是汤要热得烫嘴，油要多）臊子面，臊子面，臊子面……风华正茂的黄杏贤，英勇无畏的黄杏贤，壮志未酬的黄杏贤，黄杏贤，黄杏贤，黄杏贤……借着月光已经能看到营地的帐篷了，我爬到离帐篷近10米的地方，鼓足全身力气，大喊一声：

"祝良佐!"

祝良佐从帐篷里出来了，我随即昏了过去。然而小伙子就是小伙子，身强体壮的小伙子就是身强体壮的小伙子。我被背进帐篷，温度骤然上升，当下就苏醒了。祝良佐赶紧给身体吃了大亏的我烧了一碗姜汤。什么叫幸福？当我喝完这碗烫嘴的姜汤时，一下就找到了这种感觉。

比极限运动还极限运动的三块石滑雪坡也是旅游好项目，为什么不能把这个高海拔滑雪坡和其左邻右舍、大同小异的滑雪坡与彩虹谷、神山联手开发成驴友喜闻乐见的新天地呢？进而顺风顺水沿着《神山》篇的"中华人民共和国一等三角测量局部锁（网）布设示意图""旁征博引"一路开发下去，与《鱼儿送来好体质》篇中的"果洛二等基线网"有机交织在一起，在向共和国第一代测量员致敬、学习的同时，把"测量老兵足迹"旅游项目做大做强呢？虽然说"三块石滑雪坡"滑下飞快，但返回坡顶，即便是我当年的脚力，也需一个多小时！那与我生死交集的三块巨石，那气吞山河的"惟余莽莽……山舞银蛇，原驰蜡象"，在等待，在等待，但不会永远在等待。

川西高原除豹

川西高原除豹这件事发生在 1966 年 4 月 23 日，地点在四川省新龙县扎宗寺乡。在那个年代，没有《野生动物保护法》，人们更没有保护猛兽的意识。豹子伤人吃牛羊，政府就号召猎杀，并有奖励。

川西地势较高，一般海拔在 3 000 米～6 000 米，在群山海拔 3 500 米左右生长着灌木丛，再往下就是以松树为主体的乔木林。观测组 3 月 12 日离开西安，数日后进入测区。此地大雪纷飞，山巅山腰都披着厚厚的银装，只有山下小溪旁的野草在历经长达 5 个月的冬眠期后，刚刚苏醒。

三角点都位于海拔 4 500 米以上的高山，异常寒冷，交通不便，三角测量作业十分困难，牦牛是最好的交通工具。已经提升为副中队长的我就是为雇牦牛于 4 月 22 日来到扎宗寺乡的。该乡被群山环抱，中间有一块小小的平地，筑有藏式民居。藏民以放牧牦牛为主，也种些青稞。此地林木繁茂，人烟稀少，栖息着不少野生动物。我在川西作业4年，见到鹿、獐、猴、野猪、狼、黄羊和金钱豹等多种野生动物。

4月23日下午，我正在抓空学习毛主席著作，秋根（藏语译音）书记气喘吁吁一脚迈进屋内：

"邵同志，在东边的山沟里，我们发现了一只豹子。它经常吃牛害羊，大人小孩都不敢单独外出，可把我们害苦了。你有手枪，能不能协助我们铲除这只豹子？"

这位藏族书记一脸严肃，容不得我思考，喘了一口气，又似下命令般说：

"你赶快帮我们去打！它被我们围住了，现在正顺着北面的小山沟往上爬。你从屋背后向上爬不到100米，然后东行100米就能截住它。"

我知道打豹子有风险，但一想为民除害是好事，就满口答应下来。毛主席说过："为人民利益而死，就比泰山还重。"于是，我手握54式手枪小跑而去。

我生长在长白山下，冬季套上狗爬犁，兴奋地跟着爷爷去打猎。当打上一只狍子胜利而归的时候，小小少年更加开心，简直高兴得要发疯。几年前，用回光灯把雪豹吓成那样子，现在想来更是得意。所以，眼下打豹子，我虽然知道有风险，但并不太害怕，也没有想太多。

秋根书记说的地点是个小慢坡，坡度不会大于 40 度，我跑到沟垴的上端，朝山下不到 150 米的沟口望，老乡足有七八十人在呐喊。人多声音杂，我什么也听不清，但也隐约感到豹子正向自己爬来。沟内野草丛生，我始终没看到豹子。事后才了解到，豹子当时离我近在咫尺，只因一蓬茂密的灌木像一把伞一样长在沟垴上，挡住了双方的视线。

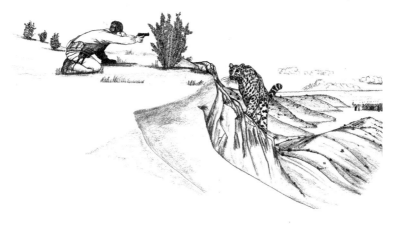

青山手绘图

由于高山缺氧，又是小跑上坡，再加上紧张，我心跳得几乎要蹦出来了，上气不接下气喘得厉害。找又向沟垴跨近了两步，再往前，就坠落崖下骑到豹子身上了！这时，藏族老乡喊得更急迫、响亮。事后才知道，老乡们之所以可着嗓子呼喊，是他们处在我对面的沟口下，能清楚看到豹子的一举一动，提醒我注意，为我紧紧捏着两把汗。我俯首下看寻找目标，但仍一无所获。老乡们呼喊得越发厉害，我也越发意识到情况不妙，就不断提醒自己：豹子就在跟前，豹子就在跟前，且下意识地往后退了一步。也就在这当口，我突然看见了沟垴下的斑斓大金钱豹，离自己不足 2 米远。哎呀，我紧张得心跳加速，上气不接下气了，更要命的是，持枪的手枪竟然像鸡叨米似的抖起来。沟垴顶端的两米高的山崖，逼得豹子改变了方向，从侧翼沿着雨水冲刷的陡坡缓缓地向上爬。

金钱豹和雪豹毛色差异很大。这家伙比几年前见到的电动摩托车般大的雪豹略小，但也仅仅是略小，毛尖油亮，斑斓得耀眼。偌大的猛兽全身暴露在我的枪口下，说时迟那时快，豹子在距离我 4 米左右处爬上了沟岸扭头向我扑来！此番不开枪已经不行了，但肉体加精神一同导致的狂乱呼吸限制了我能力的释放。我的头脑指挥自己向豹的头部开枪，因其仅 4 米左右；但我的头脑同时又告诉自己，其头小，你喘得枪口摆得厉害，打不中的可能性极大。于是，我向豹的屁股开了一枪。孰料这样近的距离，瞄准的分明是其屁股，但事后发现击中的却是豹的左后爪。"伤员"一瘸一拐地沿着山梁向二道沟逃遁。我随即瘫坐在地上，大口大口地喘气。如此近的距离没有击中要害，我垂头丧气。

然而，这一枪好歹救了我一命，沟口下的藏族同胞也把悬到嗓子眼的心放了下来。

休息了约 10 分钟，肉体与心情都平静下来了。此时，下边的老乡又喊叫起来，虽然我仍听不清楚，但有人用胳膊画圆圈，我懂这是当地人的肢体语言，意思是叫我下来。于是，我顺沟而下，向老乡们走去。老乡们迎上前七嘴八舌地说：

"你开枪可能没打中它，它从二道沟沟垴滑下来了，就坐在前面那个山坡底下。"

我心里一下亮堂了：是我打中了豹，它四爪不听使唤才会滑下来。

于是，我勇气倍增，进二道沟走了不到 10 分钟，就看到豹子静静地坐在沟底，两条前腿直挺挺地支着，像猫一样，有百米之遥。一瞬间，我就想到，若要有支步枪就好了，在很远的距离就会击毙豹。但用手枪，如此距离很难击中，只能向豹靠拢，靠拢，再靠拢，越近越好。我沿着冲沟的左边隐蔽潜行。我的呼吸频率慢下来，体力在恢复。我想豹受了伤，凶猛劲和跳跃能力是会减弱的，于是陡然硬气起来，大有与豹徒手较量一番之勇气。勇气和自信也来自我不再紧张和气喘吁吁。我的头脑清醒了许多，有枪，凭啥赤手空拳与猛兽过招呢？

靠近，靠近，再靠近……

爬到离豹子约 10 米处，眼前是 1 棵被伐的大树及约 1 米高的树桩。我想，只要再靠前，把手枪支在距豹子约 5 米的树桩上，就能百发百中。

靠近些，再靠近些……走完了漫长的 5 米，我把手枪支在了树桩上。憋了一口气，扣动扳机，向"大猫"天灵盖射去。指哪打哪，几乎一毫米都不差地击中了"大猫"的要害位置——脑门中间，于是，眼见枪眼处冒出点点血珠。不是像电影或电视剧表演的那样，被击中者喷出血或溅出血来，那是导演在哄观众呢。击中后，"大猫"依然威武不屈，前肢直挺挺地支着，静静地坐在那里凝视着我。紧接着我又扣动扳机，向豹子咽喉连发两枪，金钱豹带着一身油光光的华彩应声倒下，蹬直四肢。身后男女老少蜂拥而上。4 个壮汉，一人攥着一只豹子腿向村庄走去，次壮级汉子和孩子们紧跟其后……场面热闹非常。年岁大的人就围拢过来，个个伸出大拇指。虽然是藏族居住区，但会汉话的人也不少。男人说我是打虎英雄，说我胆子真大，爬那么近才开枪；女人们则说，如果豹子扑过来怎么办？太危险了！……

于是乎，我有点飘飘然扬扬得意了，竟至有了些武松的感觉。我虽然没有轿子坐，但老乡们前呼后拥，对我十分钦佩的劲头和大害除去的兴高采烈，还是让我过了一把武松景阳冈班师回朝的瘾。

回到村里后，秋根书记拿来10元钱，作为我为民除害的最高奖赏。我不要，秋根书记说这是政府的规定。我说你到供销社买成糖，给孩子们吃吧。不一会儿，秋根书记就把水果糖买回来了，交给了我。我顺手一撒，众多的娃娃在地上抢糖吃。我开心极了。套用当年的流行语，这又是一场"战无不胜的毛泽东思想胜利"。

到了晚上，秋根书记对我说："你明天就要走了，给你钱，你也不要，你拿回去豹子一只后腿，给同志们吃吧。"我说我不要，同时脑海里飞快掠过几年前遭遇雪豹的场景，就说："你把豹子胆给我就行了。"秋根书记问我要豹子胆干什么？我说我的胆子有点小，听说吃了豹子胆，可以壮胆。秋根书记骤然板起脸来，说："你可别胡来，吃了豹子胆，胃要穿孔的。"接下来秋根书记讲了一段故事，其中的情节就是用的豹子胆。我恍然大悟，我原来是多么愚昧呀！

之后，雇牦牛乃至雇牛夫的事顺利极了。

赤脚踏雪背柱石

1966年6月，新龙县境内群山雪线下的雪没有化完。测站在白衣寺作业期间，一个三角点上柱石被打碎了好几截，上面的铜标志不见了。可能是无知的牧民把它挖出，敲碎看看里面究竟有什么宝贝，把铜标志拿走了，庆幸的是，下面的盘石没有被拿走铜标志的人发现，完整无损。于是，我们只好复制一块柱石，准备重新投影埋之。该点海拔高度在4 000米以上。

帐篷搭在两山间的马鞍处，那里已经没有积雪，并长出了绿油油的小草。帐篷离三角点距离不足300米，却铺着厚厚一层积雪，是上山的必经之路。好在上山的坡度并不大，最多有50度。上午雪滑，约莫40公斤的柱石无法抬上去，只好待下午雪融化了再运上去。两个人用帐篷杆往上抬，也能抬到点位。但潘子平（健在）和刘玉权（健在）体质都比不过我，让他俩抬，感到有点难为他俩。于是，身为副中队长的我决定，干脆自己一人背上去算啦。当年在陕南背75公斤谷子走山路的经历，使我觉得眼下的40公斤是小菜一碟。我脱下鞋，抓把雪开始搓脚，一把接一把地搓，直到把脚搓红，边搓边讲这样做的道理，力劝两战友效法自己。但战友皆说，看着都不寒而栗，坚持穿着鞋行动；我心想也好，就用实践给这俩武测毕业不久的大学生一个教训吧。于是，我说一声上路，由潘、刘二人将柱石大头朝上抬到我脊背上，就慢慢地向三角点爬去。

有人或许要问，这么冷的天，有鞋不穿，何苦光着脚丫背柱石？神经病吧，非也。经过一个夜晚零下十多度的严寒，上午的雪表面上结了一层薄冰，走上去老打滑；下午雪开始融化，虽然它的深度不到一尺，但上面部分的水与雪基本参半。你要穿着毛皮鞋走，非浸湿不可。而经水的皮鞋容易变形，穿着难受，何况毛皮鞋湿了，烘干不容易。如果穿着湿鞋干活，在零下十多度的情况下，等待你的就是难以忍受的冻伤。冻得厉害了，如果处理不当，就有截肢的危险，这绝非危言耸听。

高海拔地区，一个不足40公斤的柱石，背起来的感觉足有内地的七八十公斤，潘、刘二人在后面簇拥着往上推，走个十几米，3人就得停下来，大口大口地吸氧，然后再爬。终于把柱石背到了三角点上。

潘、刘穿的都是单胶鞋，下来后全打湿了，且鞋里灌满了雪水，可遭罪了。而我呢，由于措施得力，加上自小生长在东北，抗冻，两只脚只是红红的，搓搓脚板，穿上毛皮鞋后感到既温暖又舒服。潘子平说："老邵你真行。"我只是微微一笑，心里说：你们记住教训吧！我更得意的是：哼，沉重的柱石你有什么了不起！

噢，对了，差点忘交代了，至少在测量系统，那年代同事间的称呼模式就是姓后加"师"；男性同事间也常爱在姓前冠以"老"来称呼，与资历、年岁无关，如同出版界眼下同事间互称"老师"一样。

刘玉权（左）、万建平（中）、邵世坤（右）昆明合影

江西、陕西、北京、云南、甘肃工作区

◇ 全国测绘仪器大会战

◇ 地震战线日夜长

◇ 你好，西安光学测量仪器厂

◇ 300个日日夜夜

◇ 大地原点联测

◇ 生命情义

全国测绘仪器大会战

　　每年外业工作期间，不是给我观测组增加任务，就是叫我们组替兄弟组返工，我们组几乎没有按时收测过。最迟的如《塔里木盆地的胡杨》篇所述，直到第二年春天才收测，而一般观测组通常都是春天出测、秋天收测。

　　1966 年 3 月 12 日出测，还是在川西—甘孜地区作业，可是这一次 9 月底就收测回西安了，不寻常倒符合常规了。回到西安，就接到一个通知：国家测绘总局陈永龄总工程师点名让我速去苏州第一光学仪器厂（以下简称"苏一光"）报到，参加全国测绘仪器大会战，协助厂方负责DJ2 光学经纬仪的研制工作。

这件事有点蹊跷，偌大的一个国家测绘总局，近上万名职工，为什么陈总直接点名让我参加呢？后来才明白，原因可能是：1960 年，我从西藏收测回来，接到中队长隋连斌通知，参加了由陈总负责的《细则》修订工作，我作为骨干也是尽了力的。当年总局从坐落在西安的国家测绘总局第一分局（陕西省测绘地理信息局前身）、坐落在哈尔滨的国家测绘总局第二分局和坐落在成都的国家测绘总局第三分局各抽调了一人参与此项工作，来自第一分局的就是我。当《细则》主体修订完成后，陈总留下我一人收尾，由此看来，陈总对我当年的表现还是比较满意的吧。

为了打破西方国家对我国测绘仪器的封锁，由国家测绘总局、总参测绘局派人参加，江苏省机械工业厅统管，我们国家自己成立了测绘仪器攻关团队，将30 多个测绘仪器项目分到江苏省最有实力的工厂进行试制。我到"苏—光"后，"苏—光"就成立了由副厂长金阁相（健在）为组长、我为副组长的试制小组，积极展开了 DJ2 光学经纬仪的研制工作。

从一个大地测量工作者——在荒山野岭使用仪器的观测员，忽然转变成一个测量仪器的研制者，变化也太大了，使我很难适应。在这期间，我首先想到的是组织对自己的信任，自己绝不能打退堂鼓，深信只要努力，外行是可以变成内行的。我还想到，我们国家才成立十几年，战争创伤未愈，百废待兴。西方资本主义国家趁机卡我们，对我们进行层层经济封锁，就测绘仪器而言，不许我们从制造国直接进口，非得通过南非、香港绕一个大圈子，价格翻几番，才能买到手，而我们外汇又十分短缺……这不是欺负人嘛，想把人民拥戴的共和国扼杀在摇篮里。想到这里，我气愤极了。

要想不受人家欺负，国家必须强大；要想强大，咱们必须努力奋斗，脱困脱穷。只有国家强大，咱们在洋人面前才能扬眉吐气。

恽代英说过："只有奋斗可以给我们出路，而且只有奋斗可以给我们快乐。"革命先辈说得多好呀！

作为一个三角观测员，要想拿下最优秀的成果，就必须了解仪器的结构、主要的参数和性能，也就是说，要摸透仪器的脾气，才能正确有效地使用它。在这方面，我是下了点功夫的。在野外作业期间，仪器出了故障，只要不至于大拆大卸，我都能及时排除，从未因坐待队部派修理工下来维修，延迟测量进度。没想到这一本领今天派上了用场。在历次讨论仪器设计方案时，我没讲过外行活。人熟了，西安光学测量仪器的权威叶世红（健在。浙大精密仪器制造系毕业）后来风趣地对我说："原来我以为你是学精密机械制造专业的，现在才知道你是爬山的。"实际上，我对精密仪器制造仅仅略知一二，是丰富的使用、维修仪器经验在此补了拙而已。

经过大家多次研讨，仪器的基本结构已经定型。总体设计是上海光学仪器厂的王善康完成的。临时借调的设计人员，都怕戴上只专不红的帽子，相继都回本单位"抓革命，促生产"去了，只留下我协助金阁相进行下一步的仪器试制工作。我知道自己是个制造门外汉，就花费了近半年的时间，到金工车间、光学车间观摩学习，基本掌握了生产工艺和加工的全过程，甚至可以独立上车床加工一些简单的零件。我很开心。我有了发言权。在此基础上，遇到难题，我就向工人师傅求教，有时还提些积极意见，征求工人师傅的看法，汇总良策，从而使难制造的零部件，特别是竖轴和度盘精度都能达标，通过严格的质检关，加快了试制速度。

1957 年出测前，邵世坤与祝文瀚
在西安大本营检查苏联 TT2/6 仪器

1967 年邵世坤于苏州留园

　　1968 年上半年，三台样机终于组装完毕，下一步是进行实测。我找到上海市测量总队（上海市测绘院前身）要了以六国饭店为中心的多边二、三等三角控制网的有关资料，在樊丙奎、张一、骆静胜（健在）的大力协助下，骑了一辆带链条的小摩托车，身背仪器，在上海市撒了野，登高楼，窜小巷，攀水塔……进行三角观测。这个任务不到一个月就完成了。

　　回到苏州，进行成果的验收和计算。计算的结果与上海市测量总队的相关成果非常相近。天哪！我高兴得像久雨天晴、太阳在早晨冉冉升起的那种感觉：我们自己的仪器即将问世了！

　　紧接着要召开产品质量鉴定会。鉴定由一机部产品质量测试中心站负责。然而，有一个最基本的大难题摆在大家面前——没有检测标准。我对测试中心站的钱如洁说，你赶快拿出一个检测标准来，这个会议才能召开呀。钱女士说，我们早就研究过了，拿不出这个标准来。我说，你们有那么多的高级工程师，连个标准都拿不出来，是开玩笑吧。对方答曰："不是开玩笑"并强调，他们没有资料可借鉴，确实拿不出来。我急了，这怎么办？于是，我赶紧起草了"DJ2 光学经纬仪测试鉴定标准"，呈测试中心站批示。批示很快就下来了：同意按此标准执行。后来，这个标准草案经过完善后正式成为《中华人民共和国第一机械工业部 GB DJ2 光学经纬仪质量鉴定标准》，付诸各生产厂家实施，成为我人生的一个特殊亮点。

　　鉴定会在南京军区司令员许世友陪同柬埔寨国王西哈努克吃螃蟹的苏州华侨旅行社进行。我写了近万字产品质量分析报告，作为主要发言人，向与会者作了说明。参加会议的权威单位有国家测绘总局、总参测绘局、上海中心测试站以及各生产厂家。经过两天审议获得一致通过，同意批量生产。我总算松了一口气。

　　诚然，我国的测绘仪器与老牌的瑞士威特厂、科恩厂及西德的蔡氏厂相比，还差一个大台阶，但国产 DJ2 光学经纬仪的问世，解决了地方经济建设的急需，为国家节省了大量的外汇。为此，我感到特别骄傲；同时深信，通过不懈的努力，在不远的将来，赶超世界先进不是空话。

1968年下半年，大会战结束，我告别"苏一光"，可心里一直牵挂着 DJ2 光学经纬仪的质量提升。1975年，在测定珠穆朗玛峰高程时，我主动与厂家商谈获得支持，背着"苏一光"生产的 DJ2 光学经纬仪参加了试测。因时间限制，我仅观测了三组成果，以之与威特 T3 相比，成果非常接近。使我心里更踏实的是，它经过了严寒的考验。1978年，该产品被评为江苏省科技进步一等奖。

邵世坤用"苏一光"仪器测定珠峰高程　新华社记者程至善摄

1976 年，我忙里偷闲，携妻和 1968 年生的次子，到苏州去旅游。尽管"苏一光"的厂领导都换了，但当我去看望老师傅们时，还是受到了厂领导的热情接待。他们派轿车到火车站接我们，把我一家安排在苏州最高级的宾馆，硬是食宿不收钱。老师傅们也没少款待我们一家三口。"苏一光"本是我昔日近三年几乎夜以继日的劳动及其成果，是我应该做的，现在却得到了如此诚挚、热情的接待，我非常感激、知足。那么，自己今后有什么理由不为了人民的利益、国家的富强，更加努力地去工作呢！

地震战线日夜长

引　言

1966 年 3 月 8 日，邢台发生 6.8 级地震。周总理亲自视察灾区。受地震强力破坏，建筑物成片倒塌，死尸遍野。目睹惨状，总理横下一条心，决定尽快创建一支地震预报队伍。他亲自批准驻扎在天津的国家测绘总局第一大地测量队和驻扎在西安的第七大地测量队这两个作业实力最强的大地队转入地震科研。大地七队由于辖属关系，几经易名，最后定为中国地震局第二监测中心（简称"中心"），并升格为副厅级单位，由此可见中央对地震科研的重视。

1968 年，我从苏州回来后，"中心"革命委员会成立。由于我往日群众基础比较好，被选为革委会委员，成为领导班子成员之一。时隔不久，中心技术负责人李烈岩同志在修饰毛主席塑像时，不幸从云梯坠落光荣牺牲。作为一个科研单位，没有技术负责人是不行的，大家公认我技术能力较强，且"四清运动"时期就是技术助理员，于是，又推举我为"中心"的技术负责人。

新官上任一把火

如果不改行，搞通常的大地测量，作为技术负责人，我是胜任的；搞形变大地测量，我遇到了三大困难：

（1）对测绘仪器制造，自己略知一二，但搞形变大地测量，我还必须知道以下最基本的知识：地震地质、传统地质学、历史地震、古地理学、大地构造、板块学说以及李四光的地质力学等。而我对于上述知识，是擀面杖吹火—— 一窍不通。但我觉得这个困难在日后的学习和实践中，可以逐步解决。

（2）形变大地测量，实际上是常规大地测量的延伸。为了测定地壳运动的变化，必须提高测量精度至少一个数量级，即从厘米到毫米。由于当年装备落后，做到这一点并不容易。但我有信心通过科学实践，力争做得更好。

（3）最大的困难来自帮派闹"革命"。"中心"分两大派：一派为"革联委"，其成员知识分子居多，且大多数人家庭成分不好、社会关系复杂；另一派叫"5·1战团"，家庭成分好得多，工人多。革委会都成立了，势力大的"5·1战团"还无休止地批斗其实一点问题也没有的"中心"党委书记周汉卿，"牛棚"里还关了十几个人，连我那生死与共的战友武海宽也被押进去了。"牛鬼蛇神"早请示晚汇报，人心惶惶，何谈科研。

我上任以后，经常飞来飞去地到北京开会，有幸参加了1968年年底至1969年年初的中科院地质力学研究所的学习班，聆听地质部长李四光的教诲，以及参加各种各样的有关地震的研讨会、分析会。白天开会，晚上啃地质知识书本，就这样，我对地震、地质以及相关知识就有了一定程度的积累。有一天，李部长对我说：

"世坤哪，你回去后，赶紧到云南通海去上监测手段，布设大地控制网，那里很危险……"

经常接受这位国际级地质学大家的教育，我又爱发问，人就熟了。所以，这一回我就又没轻没重地接嘴问道：

"李部长，你能不能具体讲一讲我回去究竟在通海什么地方布设？"

李部长又大概地讲了讲，是在昆明山字形构造的南端曲江附近。后来，李部长又补充强调，要在昆明山字形构造所形成的曲江断裂和石屏—建水断裂带地区布设。

这一回我心里亮堂了许多，回来后向有关人士作了汇报。但单位的积极性调动不起来，整天搞大批判，光喊口号不干活。这怎么办？两派天天都喊高举毛泽东思想的伟大旗帜，誓死将"文化大革命"进行到底。我分不清楚两派谁是谁非，但毛主席说要"抓革命，促生产"，那么不生产，肯定是不对的。于是，我找到了昔日与我一同往雪山顶背柱石的可讲心里话的朋友潘子平和刘玉权。潘子平对我说：

"老邵，并不是我不想搞科研，我的思想压力大呀，随时有被5·1战团揪出来的危险。"

刘玉权也有此担忧。

碰软钉子回来后，结合我在"苏一光"遇到的情况，发现这是知识分子在"文化大革命"中的通常表现。于是，我召集了十多个人，尽是家庭出身不好但有一定作业能力的知识分子，开了一个座谈会，传达了李部长的指示，让他们放下包袱搞科研，说出了问题我兜底。"促生产"绝对没有错！这一下，他们的情绪来了：老邵，你领着我们干，我们不怕……

会后，我又找到了集5·1战团头目与革委会副主任于一身的赵家林，又一次向他汇报了李部长的指示，述说了促生产的重要性，以及"革联委"那一派知识分子的思想顾虑。我与赵家林也曾是外业风里来雨里去生死与共的战友，他还是尊重我的。他说：

"邵师，我支持你工作，谁要是捣蛋，你来找我，一定要把科研搞上去！抓革命的目的就是促生产。"

这一下子我的腰杆硬起来了。接着，我又找到同班同学张杰（健在），老同学在"中心"也是有影响的人物。

张杰比我大两岁，有点老大哥保护弟弟的味道。我说明了来意，同窗说："你啥也不要讲了，你叫我们干什么，我们就干什么。"刘振中（健在）也是我的同班同学，在"中心"也有影响力。我一鼓作气找上门，刘振中也支持我。于是，科研工作就轰轰烈烈地开展起来了。通过一段时间的工作，我发现包括"臭老九"在内的群众都愿意搞科研，不愿意搞大批判上街游行之类的活动，有人找他们搞批判上街游行，他们就用"老邵叫我干啥干啥去"搪塞，也总能搪塞过去。就这样"老邵"成了他们的保护伞。

进军通海县

群众的积极性调动起来了，成立了由我、王征琪、余新白（健在）3人组成的设计组，十几位技术员帮助搜集资料、标图、绘图……于是，我就着眼于如何提高三角测量的精度，解决跨断层水平移动的大课题。为此，我在云南东川地区设计了一个小三角网，作为实验田。

前往云南作业的总人数为90人，通海定员60人。但通海地区为"禁区"，作业人员必须经过政审。全队200

多技术员，通过政审的仅 30 人。我就带着这 30 人，于 1969 年 4 月初南下通海。

通海位于玉溪市南边，东与华宁县毗邻，离峨山县也不远。到达通海，我首先做调研，问当地的老百姓，你们这里发生过地震没有？老百姓不懂地震是什么意思。我就问地动过没有？老人都说这里没有地动过。接着，我察看地貌，杞麓湖贝壳的沉积与湖面的高差至少有 50 多米，杞麓湖的面积缩小了 80%，再加上围湖造田，面积就更小了，目测不超过 3 平方公里。排除围湖造田这一显著的地貌变化，至少需千年以上时间才能形成。这就证明了该地区地质结构的复杂和变化的剧烈。我又登上了秀山（今天的著名旅游景点）放眼察看，通海县尽收眼底。在秀山顶看通海，比登上昆明的西山看滇池还过瘾。十几条小舟在偌大的湖面撒网捕鱼，波光天色，飞鸟掠过，渔歌互答，清风入怀，目之所及，一片祥和、宁静的世外桃源风光，人们哪里知道大难即将来临？

李部长所强调的"昆明山字形构造所形成的曲江断裂和石屏—建水断裂"布设地区是云南主要地震带之一的通海—石屏地震带。于是我实地去考察通海—石屏地震带，但由于我缺乏地震、地质知识，识别不了断裂带，找不到应力最集中、易发生地震的确切所在，从而无从布设水准点。我既着急，又无可奈何，只得按预案，依据国家级标准，在通海县境内外，进行了一等水准测量实地选点和埋石。在曲江附近，我布设了两条水准线，横穿曲江断裂带，我想只要能跨过曲江断裂带，就能起到监测作用。于是，我和同志们同吃同住同劳动进行埋石。随后，我又带领大家到东川建造了小三角网试验田。待埋石稍为稳定后，对两处都进行了观测。在这期间，我又到大理（下关）建立了几处水准控制网。由于劳动力不足，时间紧迫，这个任务是连日加班完成的。同志们都听我指挥，不怕苦累，干劲十足，使我深受感动。

以上任务 10 月初就完成了，我在昆明过了国庆节。

地震预报大业万年长

我从云南回来，对资料进行了整理和验收。1970 年元旦刚过，就接到北京发来的参加全国首届地震工作会议的通知，我和革委会主任王春先（健在）一同前往。与会代表到北京都住在友谊宾馆。

根据周总理的指示，在全国范围内，凡是高发地震的各省区，都要建立地震机构，加强地震科研队伍的建设。要求各单位一把手参加，一把手抽不开身的，主管科研的领导必须参加，与地震有关的主要科研单位，以及外业物探及地质队的人也要参加，共商地震预报的办法和规划。参加会议的有200多人。主要科研单位有中科院地质力学研究所、武汉测地所、兰州冰川研究所、中南大地构造研究室等。

在进入分组讨论前的大会上，中共政治局委员、中国地震领导小组一把手——刘西尧讲了把大家请来的重大意义和组织对与会者的殷切希望。

分组讨论时，我被分到了西北组。之所以参加西北区的讨论，是由于我会前找到了刘西尧，说明了自己的基地在西安，日后在西北作业的种种优势。经中央地震领导小组同意，才来到西北组。

西北组阵容很大。因为李部长在1968年12月就说过："要把力量撒到西北、西南这两个山字形构造上去。"

参加西北组讨论的有：中国地震局预报分析组、中科院物理所、地质力学所、陕西地质局、兰州冰川研究所、天水物探大队、酒泉地质队等十几个单位的近30人，其中还有中科院陕西分院的许士越同志。在讨论划分以某地区为重点保卫区和一般监测区时，初生牛犊不怕虎的我并不苟同与会权威。多数权威认为，关中地区在短期内或较长的时期里，不可能发生强震，但也说不出一个使人信服的理由。这说明，当年有关关中地震方面的学问没有人深入研究。而我经过一年多的实践和"如饥似渴"的学习，知道关中地处鄂尔多斯地台（东始太原西至银川，北始包头南至西安）的周边地区。就鄂尔多斯地台而言，它是相对稳定的，但周边活动是不稳定的。自公元 1000 年以来，8 级以上的地震发生过 5 次，其中发生在 1556 年的关中华县的特大地震重伤明王朝元气，之所以发生如此强震，那是因为华县正处在李四光所言的祁—吕—贺山字形构造的东反射弧附近，而鄂尔多斯地台周边地区许多断裂明显，形成了强震活动频发区，如历史上的大荔县，就发生过 7 级以上地震，关中地区 5 级上下的地震更是持续不断。于是，我就以华县强震为抓手，有理有据地与权威们论辩。我还强调西安地区的国防工厂多，如果遭到强震，那还了得。我说，只有保护好这些工厂，敌人再用长枪大炮打我们，我们才有长枪大炮甚至坦克把他们轰出去。经过激烈的辩论、研讨，终于将西安地区由一般监测区调整到重点保卫区内。现在想来，我当年的坚持之所以会取得胜利，除了与会者多数也相信李四光的祁—吕—贺山字形构造理论是正确的以外，再就是与会的陕西省政府的干部和科技人员的声援；我想，自己朴实的感情很可能也引起了权威们的共鸣、理解。否则，仅凭自己那点"现蒸现卖"的知识，怎么可能得到与会者的普遍理解和赞同呢？中央对重点保卫区的扶持力度比一般监测区大得多，但要求划入重点保卫区的地方必须尽快成立应对地震的机构。会议结束后，陕西省政府很快就筹建了陕西省地震局，积极展开工作，继地震台网建成后，基本摸清了陕西地区的地质构造和地震易发区，对西安及其周边近几年的地裂缝如雁塔路北段8号院至小寨的地裂缝更是做出了较科学的解释。广大地震科技工作者已达成共识，强震周期在 1 000 ~ 1 500 年，更深入的研究正在积极进行中，对此，我感到欣慰。我坚信李四光的祁—吕—贺山字形构造理论是正确的。

　　会议开了 20 多天，像这样长的会议，在中央是很少见的。可见中央对地震科研，突破地震预报大关，为人民谋福祉的决心；可见周总理之爱民！

　　会议形成了《会议纪要》，下来后，各省都须分头执行。

　　2 月初会议结束，敬爱的周总理、国家副主席郭沫若、中科院院长竺可桢、地质部部长李四光等中央领导同志在人民大会堂亲切接见了大家。参加接见的人除会议参加者外，还有中央各部委的一把手或副部长。总理让他们参加接见的目的，就是告诉他们要重视地震科研和预报，如果需要他们支持，要一律开绿灯放行。周总理为人民操尽了心！

总理和李部长先后都讲了话。总理很尊敬李部长，让李部长先讲；李部长更尊敬总理，坚持总理先讲；推来推去的，还是总理先讲了话。总理尊重知识分子的风度使在场的不少"臭老九"深受感动。总理在讲话前，向与会者提了几个问题，如地球最高峰海拔高度是多少？地球最深的海底是多少米？提了四五个通俗有趣易答的地理问题，把会场气氛调动得一片活泼、热烈，就开始讲话了。讲话的主要内容是要重视地震科研，回去按《会议纪要》精神积极地去落实，争取早日突破这个世界难题，造福于人民。李部长主要讲了他个人关于如何实现地震预报的思考。他说要群策群力地搞预报。接下来李部长说，地震是现今地壳运动的一种表现。地震地质是地震工作的基础，而地球物理是实现地震预报的重要手段。只有通过实践，逐步扩大观测的范围，把握构造体系的客观存在和它的主要特点，才能建立起解决问题的牢固基础。两个人的讲话在我的印象中都没超过 20 分钟；两人在讲话中都提到了不久前发生的通海大地震。郭沫若在会上朗诵了一首他自己创作的与大会内容相关的诗，只可惜四川乐山乡音太重，加上抑扬顿挫、疾徐有别之颠簸，我一字都未听清楚，白白糟蹋了今生绝无仅有的一次聆听大文豪吟诵自己杰作的机会。

周总理就穿着著名照片——"侧身坐沙发"上的那件衣服，脸瘦得紧，但眉宇间凝聚着精气神；口音是淡薄的乡音底子上的普通话，全场的人都字字句句听得清清楚楚。

通海大地震

1970 年元月 5 日大会初期，发生了一件大事，补叙如下。

我在友谊宾馆与武汉测量与地球研究所的曹书记住一间房。那一天深夜，中国地震局的党组书记兼局长刘英勇把我从梦中叫醒，说通海发生地震了。我一骨碌爬起身赶到会议室。到会人员七八个，都是中国地震局分析预报组的成员。大家纷纷向我提问题，我详细回答了自己在通海布设水准监测网的情况。

北京至昆明有 6 条地下电缆，拨出 1 条专供分析预报组做防余震监测指挥用。

我与西安也通了电话，让不久前进军通海县的战友立即组织力量赴震区进行监测。中心连夜就成立了以中心革委会委员孙世昌为组长、姚维刚为副组长的监测组，打起背包坐飞机就出发了。到达昆明机场，云南省一把手——革委会主任周兴亲自迎接。

一路火速，元月 7 日就到达现场进行监测。通海 7.8 级大地震，是云南省 100 年来发生的震级最大、裂度最高、损失最为严重的一次地震。在俞家河坎村，大规模的砂石液化，在地下水漫溢的推波助澜下，使全村 16 户人家的住宅向东南方向冲出 100 米~150 米，房屋几乎全部倒塌。水塘村西埂水平错位达 3.25 米，三家村—小白邑垂直错位达 0.55 米。地震波及 8 880 平方千米，重灾区约 1 777 平方千米，造成 15 621 人死亡，受伤 26 783 人，房屋倒塌 838 554 间的重大损失。面对惨状，大家心情沉痛之余，深切感受到李四光不愧为国际大地质学家，预测准如神明。

从上监测手段，就形变布设大地控制网，到预测发挥功效，中间还有许多工作要做，周期得两年以上。显然，如果没有"文化大革命"的干扰，如果周总理的忧心、李四光的考虑早早引起举国上下重视，并转化为实际行动，则通海大地震所造成的损失就会小许多。

然而，大不幸中也有小幸。由于我荣幸地聆听了李四光的教诲，回到西安，又得到中心领导和广大群众的支持，所以最终瞎猫逮了个死老鼠——我引领的人马所布设的两条水准路线，恰在震中附近，这就直接取得了震前与震后的可对比成果，非常可贵，且在水准测量的不断监测中，为云南地震办公室和昆明地球物理研究所提供了地壳升降量的变化科学依据，从而共同会商成功地预报了两次6级以上余震，为震后减灾作出了重大贡献。

通海大地震是一个典型的构造地震，形成了长约50公里的破碎带，加之两次6级以上余震的预报，引起了国际地震工作者的广泛关注，伊朗、美国、日本、瑞典、法国等10多个国家的地质、地震专家，先后抵达通海考察。考察团在现场既了解到灾情严重，也看到赈灾物资源源不断地送来，感受到在我国政府强有力的领导下，灾区人民自力更生、发展生产、重建家园的巨大热情和能量。国际舆论都认为，中国共产党和人民永远在一起，战胜困难的力量很强大。

从零起步与技术创新

从北京回来后，我在中心食堂召开了全体职工大会，传达了周总理和李四光部长对地震科研的指示，以及《会议纪要》的精神，也介绍了通海地震给人民造成的重大损失，更强调了利用水准测量的手段，成功地预报了震后的两次6级以上的余震，为震后减灾作出了重大贡献。继之，说明了调离测区，今后在西北五省（区）承担地形变大地测量任务，可以发挥"地利、人和"优势，更好地完成任务。最后，我说："大家一定不要辜负伟大领袖毛主席和敬爱的周总理对我们的殷切希望。"群众就这样发动起来了。

速度就是预报地震、挽救生命的最佳手段，同志们心里都清楚"时间就是生命"。

大家热情投入，做到了白手起家，搜集资料——设计——出测，不到两个月，全体职工就迅速投入野外作业。

李部长说过："地震是现今地壳运动的一种表现，地震地质是地震工作的基础。"要解决地壳垂直与水平运动，采用大地测量的手段，解决量的问题，是当时的唯一方法，于是派生出地形变大地测量新事物。

就一等水准测量而言，其精度可达到 1 毫米，基本能满足地球升降运动的测定，但爬山有困难，因断裂带多在山区。

大地测量水平测量的精度，就一等锁设定为 200 公里，它的最弱点经过传算，即 200 公里/2 锁部中间点的精度有时达 0.5 米之大；为某种需要，在小范围内，采取积极措施，也可达到厘米级。但由于测量装备落后，当时想达到毫米级精度，压根无法实现，其难度如老虎吃天，无法下口。因此，想解决断层的水平位移问题，必须提高三角测量的精度。于是，我继云南东川建造的试验田——一等小三角网后，1970 年在宁夏的石嘴山与兰支荫（健在）日夜忙碌，参加选造工作，当年完成了观测任务；同年，还在西安地区的口镇，又带领队伍建立了两块实验田，以满足测区转移到西北的工作需要。实验前，我必须解决一个历来比较难解决的问题，即照准、仪器、柱石三心一致的问题。否则，这个误差就会被带到试验田里去。过去的三心一致精度在 1 毫米~5 毫米。经过苦苦的探索实践，我解决了这个问题，使三心一致的偏差为零，把精度提升到了新高度。在此基础上，进入实验田"撒种育苗"，"秋后"获得大丰收。

验收计算结果表明，在短边（0.1公里~3.5公里）三角测量小区域内，其测角中误差有0.3毫米左右（一等三角测量要求小于±0.7毫米）边长相对中误差达到30万分之一。如果仅用于跨断层水平位移测量，三角形个数少于3~4个，传递误差就会明显减弱，只要边长（基线）测定准确，按照我设计的方法去执行操作，这个精度可以达到小于1毫米的项目要求。

李部长告诉我：一般的构造大地震的发生，多在山字形构造的反射弧，大的断裂带的两端（1975年辽宁海城大地震就发生在海城—郯城大断裂带、海城的顶端）以及大断裂带的交汇处，因为这是应力集中的地方。

如前所述，小三角网精度的提高基本证明两点：

（1）在地形极其复杂，如昆明山字形构造带，扣上一个小三角网，对于监测中长期地震预报有帮助，能够发现它们水平位移的情况，以实现中长期预报的准确度，那是肯定的。

（2）在局部地段，布设跨断层水平位移测量，按上述方法去做，也基本上能收到良好的效果。

与此同时，实验结果表明，由于边长精度的提高，同志们把经纬仪高程测量的精度，在局部地区，不考虑垂线偏差对垂直角的影响，如在平原丘陵地区，提高到了一、二等直接水准测量的水平，改写了行业人士对经纬仪高程测量不可能达到一、二等直接水准测量精度的认知。这个精度与国内同行 80 年代末与全站经纬仪问世后所达到的精度相比，几乎早了 20 年。

如此一来，地形变大地测量用于地震预报的难题基本上全解决了，只是尚需通过实践不断地予以完善。

以上成绩的取得，是我和大家共同努力的结果。努力的关键就是技术创新。

上述技术创新再加上重力异常的监测，使地形变大地测量可以更好地服务于地震预报，造福于人民。

自出测以来，重力测量、短边小三角试验田、大规模的区域一等水准测量的布设和观测，尤其是跨断层的选点，都搞得有声有色。在西北地质研究所及其地质专家张之洮、李述清的大力协助下，同志们以跨断层选点为中心，积极普查活断层，全面开展了西北五省（区）的地形变监测网的布设和施测。

在此基础上，我根据《会议纪要》的要求，代表单位制定了"十年地震科研规划"。

绝大部分职工，都是3月中旬出测，10月底前就回来了。任务完成之快，质量之高，是前所未有的。我为"中心"地形变测量，奠定了坚实的基础，承担了该承担的责任，尽了应尽的力。

急 流 勇 退

随着"中心"业务深入而又顺利地发展，问题又来了。

早前，由于派性的作祟，把"文化大革命"前当食堂管理员的王同志推上了革委会主任的位置。王人很本分，待人诚实，工作踏实；但其测绘能力、人事管理能力、政策水平等都很有限。显然，这个"老好人"是很难举起"中心"这杆大旗的。加之在"文化大革命"中经常搞大批判，说错一句话，就可能被关进"牛棚"，大家处处小心，不敢放手工作，革委会的成员不能各尽其职，有事相互推诿，严重影响工作。举例说，自"中心"的前身——青藏高原分局大地七队从总参大地二队分出来后，给职工烧开水的锅是汽油桶改装的，从1958年一直使用到1970

年，职工意见很大，想买一个立式锅炉，价格大约在 8 000
元。财务科长范文虎找了王主任和两位副主任，可他们都
不敢批，于是就找到了我。我听完他们相互推诿的过程，
就问范："有钱没有？"范答："有。"我又问范："批了后
会不会犯错误？"范说："不会的。"于是，我就"大笔一
挥"签了字。

锅炉买回来了，全体职工皆大欢喜。

不曾料想，随着我的威信进一步提高，"中心"的行
政权也自然而然落入我手中。大事小事我不接手处理都不
行，否则，就会影响工作。罗新荣（健在）抓政工，我就
成了一把手兼总工程师，形成了以罗和我为核心的工作班
子，而将"中心"革委会架空的怪现象。俗话说："物极
必反。"在我的权力达到巅峰时，我萌生了退的思想。我
并不担心成为下一场运动的"走资派"，因为我家庭成分
也不赖——下中农，关键是我的群众基础好，两派都听我
的话。这在当时是件很了不起的事。然而，问题偏偏出在
这里。在单位，两口子打架也来找"老邵"当裁判；在西
安地区开展群策群力的地震预报工作中，群众把诸如马跳
圈、鸡飞窝、金鱼跃出鱼缸等一些怪现象用电话反映到
"中心"待处理。前者还好说，后者可是专家才能解答的

呀。我既感到太累，有时也觉得出力不落好，退的思想由此萌生。从业务的客观条件方面看，不仅地形变大地测量基础已打好，而且"十年地震科研规划"已制定，下一步仅仅是执行、落实的问题。而执行、落实要发挥大家的积极性，不能老依靠个别人。促使我想走的还有一个因素，那就是我确实还牵挂着国产测量仪器质量提升的问题。说这话，也是由于西安光学测量仪器厂的总工叶世红当时不断"挖"找。于是，我向组织打了三次报告，获准后，依依不舍地调入西安光学测量仪器厂。

调离原单位多年后，中心的元老技术权威庞光前（健在）对他人说：由大地七队到中心，最好的时期是罗新荣、邵世坤掌权的时期，职工心情舒畅，干劲十足，成绩显著。我听后甚感欣慰。我走后几乎每一个老同志包括家属都还时不时念叨我；直到现在，我到老人家去"混饭"，还会受到热情款待。

尾　声

我还记得《会议纪要》中有这样一句话："争取地震预报十年放异彩。"1975 年 2 月，辽宁海城发生了 7.2 级大震，因为提前作了预报，人口的死亡率仅为 0.02%。这感动了世界，赞叹中国共产党真了不起。辽宁大震虽在"文化大革命"中，但由于邓小平同志的复出，狠抓生产，提前做好了相关工作，所以避免了损失。就我的经历而言，在"文化大革命"中，一般来说，只有被蒙蔽的群众，没有不在热爱伟大领袖毛主席的同时，也热爱人民、热爱祖国的群众；同理，一般来说，只有被蒙蔽的所谓"造反派"头头，没有不在热爱伟大领袖毛主席的同时，也热爱人民、热爱祖国的"造反派"头头。

不幸的是，小平同志不久又被打倒了，"抓革命"严重干扰了"促生产"，干扰了唐山上监测手段、布设大地控制网。我至今还记得 1969 年和 1970 两年间，我每次进京开会，李部长会上会下总是强调唐山危机，要赶快上手段、布设大地控制网的情景；老科学家还不止一次叮嘱：唐山日后扩建，应向北发展。言犹在耳，言犹在耳啊。堂堂一个大国际地质学家，当年过来过去身边就一个周姓男秘书，年逾古稀的李部长天天伏在地球仪上看来看去，心中似有无限事。1976 年 7 月 28 日的唐山大地震前兆很多，不知道中央地震分析组为何没有预报出来。后来得知死亡 24 万多人，24 万多人啊，我想到抗美援朝时，我们才牺牲了多少个同胞，想到周总理，想到李部长，我心中闷得慌，于是来到兴庆公园，在一棵大树下痛哭了一场。

你好，西安光学测量仪器厂

西安光学测量仪器厂，简称西光测厂，其前身是天祥仪器厂。1957 年 2 月，全国人民代表大会委员长朱德视察了该厂生产的 J15 游标经纬仪，给予很高评价，鼓励全厂职工继续努力。朱德委员长回到北京后不久，第二机械工业部就解决了该厂光学玻璃供应紧张的问题，天祥仪器厂生产蒸蒸日上。公私合营后，天祥仪器厂改名西安光学测量仪器厂，已经小有名气了。

1972 年春，我调到西光测厂，领导给了我一个小官——总检组组长当，管三女一男。该厂生产的主要产品有 82 迫击炮瞄准镜、DJ6 光学经纬仪，以及平板仪和普通水准仪等。我官小岗位重要，合格的盖章出厂，不合格的退回返修。由一个统率 300 多人的，堂堂中国地震局第二监测中心的准一把手——副厅级干部，降到这样一个小官，落差的确很大。但我不以为然，我想的是如何把国产仪器产量突击上去，减少仪器的进口，节约宝贵的外汇。

1973年邵世坤在西光测厂带徒弟

1973年的西光测厂装配车间

我在完成本职工作后，总爱下车间，主要到金工、光学加工、装配车间转悠，了解工友们的加工能力。不到三个月的时间，我就基本摸透了产品主要存在的问题。主要的问题是DJ6三心不一致。DJ6是单面带尺读数，其三心一致的要求比DJ2光学经纬仪的要求高得多，而度盘刻划中心、度盘旋转中心和竖轴旋转中心不一致，就消除不了盘度偏心差，所以该产品返工量特别大。有鉴于此，厂里成立了攻关小组，我是成员之一。当年，"苏一光"也存在着竖轴不过关的问题，现在我和西光测厂的老师傅们一起，攻坚克难，很快解决了这一问题。在这个基础上，我又和王宝珠（健在）一起，在水平度盘质量提升的关键环节大做文章。我大胆地改进了国家测绘总局陈永龄总工程师的水平度盘检验法，积极创新，提高了工作效率。我没完没了地加班，终于攻克了因水平度盘质量不高而影响产品出厂的难关。总之，小革小改不断，如测试方法的改进、垂直角计算公式的改进等，在平行光管内安装了分划板，解决了不同距离的望远镜光轴调焦正确性的测定问题……要解决的问题太多，我总是不计报酬地加班加点，睡在单身职工宿舍，吃厂里大食堂的饭，常常半个月也不回家。进厂不到一年，全厂80%以上的职工都知道"咱厂来了个邵权威，能行得很！"我因自国家测绘总局出来而戴了一顶国字号的桂冠，初来大家就很尊重我，叫我"邵权威"。有理由认为"咱厂来了个邵权威"里的"邵权威"是虚的，但后面的"能行得很"却和我的实打实干分不开。

我还经常率团参加各种各样的产品质量鉴定会、评比会。我曾在"苏一光"参加过全国测绘仪器大会战，国内同行早已认识大半，工作起来如鱼得水。不知不觉，在这个行业中，我已经小有名气，叫我"邵权威"，我也就糊里糊涂应了。

其实，在所谓"权威"之后，是我自小吃苦和当过解放军战士的底子，是我当年确实把大地测量队和"中心"的优良传统自然而然地带到了西光测厂，并融入西光测厂群众的大火炉里了。正因为如此，我才受到了职工的尊敬，厂里几乎所有的人见面都与我打招呼，使我备感温暖，受到鼓舞。

荣誉来之不易。进厂之初，我就和工人师傅们打成一片，虚心从工人师傅身上学到了不少知识，解决了不少技术难题。在我置身西光测厂的3年里，厂产品质量不断地提升，返工率明显地减少，产量随之大幅增加。我记得自己刚进厂时，就DJ6而言，月产量不足50台，而我走前，月产量已达到100多台。

回忆这段历史，回忆和该厂广大职工共同努力奋斗的历史，我感到自豪。

陕西测绘局重建后，1974年10月，我调到了陕西测绘局。临走前，"三八式"干部范龙海厂长和厂政治部主任毛均魁（健在）都诚心挽留我。范厂长与我谈话："我马上就要提升你为副厂长了，你还回去干什么？"毛主任态度也是如此。由此可见，厂领导对我也是比较满意的吧。

当不当官对我没有多大的吸引力，我之所以要毅然调到陕西测绘局，最大的原因是其正在恢复建制，并组建了陕西测绘仪器厂，特别缺乏像我这样文武都能来两下子的老人手。

1975 年，中央下达测定珠穆朗玛峰高程的命令，我主动请缨，加上老领导赵桂孝向陕西省测绘局生产计划处处长梁宏柏的推荐，我从陕西测绘仪器厂来到国测一大队，与其他 7 位同事一起胜利完成了测定珠峰高程的登山任务，从此再没回到陕西测绘仪器厂。原因是回来后就连续在陕西省内外作攀登珠峰先进事迹报告会。之后，我向国测一大队领导焦凤山打报告，提出回陕西测绘仪器厂的请求，以完成我在北京为登珠峰集训时期挤时间设计的已成竹在胸的集经纬仪、平板仪、水准仪为一体的"全能测绘仪器"草图。草图一完成，我就邮寄给陕西测绘仪器厂当时的负责人阎世泽（健在），希望阎厂长立即布置试制，因为试制如果成功，将节约宝贵的外汇，有力支持全国各地的工程建设。可是老焦也许考虑到国家培养一个能够独当一面的大地测量观测员不容易，坚决不放人，我只得罢休，最终"全能测绘仪器"功亏一篑，令人遗憾。

我虽未回到陕西测绘仪器厂，但一直为其艰难的组建过程操着心。一天，我来到西光测厂，找到已升为西光测厂厂长的叶世红，借了整套 8 支时价 4 000 元的平行光管，使陕西测绘仪器厂的检验室很快建立起来。至今，我的"刘备借荆州"借条还留存在西光测厂。

1977 年 10 月初，叶世红又来找我。叶厂长说，DJ2 已经试制组装成功，3 台样机已装好，希望你帮忙，主持内、外业测试，以尽速提交审议组审议，早日投产。我答曰：这是一件大事，需请示领导再定。时任国测一大队队长的王育城支持此事，他说："我也想早日使用上咱们的国产仪器。这件事我全力支持你，我给你一辆北京吉普，由赵丹（健在）驾驶，其他人员由你从自己管的登山分队调配，我就不管了。如果以后遇到什么困难，你再来找我。"

我受到鼓舞，信心大增，跑到中国地震局第二监测中心，将口镇地区小三角实验田的计算成果以及照准标笼装置统统拿回来，为观测创造了条件。接下来，调刘虎生（健在）、高西江等 4 人组成了 2 个观测组，通知老叶送仪器。我们和西光测厂的同志一同住进了口镇小旅馆，把照准标笼安装好后，就投入了观测工作。10 月上旬，天气就冷起来了，寒风中，冻得刘虎生直流鼻涕，但大家都能任劳任怨积极工作。不到半个月，观测结束，接着就是成果的验收与计算。我加班加点，很快就将成果整理出来了，与试验田的成果相比较，非常接近。我打电话告诉老叶，可以通知评鉴单位来西安开会了。

紧接着，我赶出了 1 万多字的关于 3 台 DJ2 光学经纬仪的内、外业质量分析报告。

鉴定会于 12 月上旬在杨虎城公馆（青年路止园）举行。第一机械工业部的上海产品质量测试中心站的高级工程师陆忠，市科技局、市机电仪表局的权威都到会了。到会的有北京光学仪器厂、苏州第一光学仪器厂、上海第三光学仪器厂、徐州光学仪器厂等近 10 个厂家的领导。

我作为主要发言人，详细地介绍了 3 台仪器内、外业测试的情况，以及与高精度的口镇试验田成果相比较的结果。接下来又一一介绍了测角中误差、极条件、长条件与部颁标准，以及《细则》对它们的相关要求等，最终说明上述各项都达到了要求。上午会议结束，下午分 3 个组进行讨论和验证；第二天上午继续讨论和验证，下午召开了全体会议。与会者一致认为：各项指标和限差已经达到了部颁标准和《细则》的要求，全票通过批量试生产。

光荣的国测一大队，继往开来，全程参与此次外业测试，无私奉献，分文未收，为国产仪器的发展做出了鲜为人知的重大贡献。

1985 年，老叶又来找我。说是厂里研制的陀螺经纬仪已进入关键时刻，然而，厂里的工程技术人员却无力审校他自己写的《关于陀螺经纬仪工艺流程和测试方法的说明书》，希望"邵权威"再次出山。

陀螺经纬仪是地下采矿与飞行、航海等领域不可缺少的定向仪器，进口十分昂贵。显然，这是一件非常利国利民的大好事，但工作量很大。我对老叶说：需要请示队领导再定。我随即请示了国测一大队第三任领导刘允诺（健在），领导说："老邵，我支持你审校，你就大胆地搞吧。"于是，我就凭借着对测绘仪器的烂熟于心，加班加点地审校，用了近一个月的时间，完成了任务，并提了一些改进意见。老叶非常满意。国测一大队再一次分文未取、悄无声息地支持了国产仪器的重大发展。

300 个日日夜夜

1977 年，由国家登山队、国测一大队登山分队和中科院科考队共同组成的中国登山队托木尔峰测量分队，在测定天山最高峰托木尔峰高程后，于 8 月 25 日在北京体育馆受到国家主席李先念及其他中央领导人的亲切接见。我作为测量分队的一个成员参与其中，同样深感荣幸，受到巨大鼓舞。9 月初，测量分队返回西安，不久，接到一项任务："87 工程"的大地测量施测。

核物理学家杨振宁提出的在我国建造一座高能物理同步加速器的建议，获国家批准，被列入国家六五计划。此工程自 1978 年动工，至 1987 年结束，简称"87 工程"。该工程中央的牵头人是李昌，其大地测量部分交由国家测绘总局负责。工程的技术难点是：在 16 个支撑柱支撑的直径 500 米的冲击盘上，要求 16 个支撑柱的中心相对点位中误差要小于±0.25 毫米。这一高精度技术要求，莫说在当时测量装备落后的情况下，形同老虎吃天无法下口，即便是在测量装备鸟枪换炮的今天，也是很难达到的。总局陈永龄总工坐镇指挥，抽调武测大地教学研究组的知名教授 2 人、总局测绘研究所大地研究室的研究员 2 人以及陕西省测绘局的业务尖子姬恒练组成 5 人攻关小组，决心苦战攻下这一难关，以保证"87 工程"顺利进行。

然而，攻关小组苦战了半年有余，未有成果。

　　已经是 1978 年 5 月了，大队各中队都早已出测，我们登山分队青工也等不及了，纷纷要求出测，作为分管技术的副队长的我非常着急。干等，非把人等死不可。于是，在我从姬恒练那里得知关于高能物理同步加速器对大地测量的具体要求后，竟决定越俎代庖！我的自信来源于我在中国地震局第二监测中心任技术负责人的实践，来源于 1969 年在云南东川，1970 年在宁夏的石嘴山、西安地区的口镇建立的三个实验田。我开了几天的夜车，在昔日满足跨断层水平位移所需要的毫米精度基础上，进一步改进，且反复验证计算，终于使自己设计的新方法结出了硕果，使 16 个支撑柱的中心相对点位中误差达到了 ±0.40 毫米～±0.50 毫米的精度！欣喜之余，我想，如果在今后的施工当中，通过实践进一步改进，达到 ±0.25 毫米的精度，是有希望的。

　　5 月 23 日，我兴冲冲赶到北京，首先向陈总作了报告。陈总一边认真听取我的汇报，一边既有几分好奇又有几分欣喜地提问；我边汇报，边一一详细解答。汇报完后，陈总对我的方案予以首肯。

　　5 月 25 日，由总局刘子建主持，在总局二楼会议室召开了关于"87 工程"设计方案和施工方法的审议研讨会。

1974年邵世坤在北京国家测绘总局门前留影

参加会议的有中科院的大地测量专家、武测的大地测量知名教授、总局测研所大地研究室成员，如健在的陈俊勇等，以及总局业务权威、局领导共30余人。大家饶有兴趣地听取了我的设计方案汇报。我眼下不知道当年自己怎敢在"关公面前耍大刀"，但当时大家一致认为我提出的方案可行。于是，陈总当场就拍了板，说道：

"就按小邵的意见办。至于小邵提出的辅助设备问题，由武测工厂和总局测研所的加工车间共同完成。此任务由小邵牵头，希望大家全力支持。"

我进京前，为了提高观测精度，满足点位相对中误差±0.25毫米的需要，粗线条设计了两套辅助装备，在刘子建、张筱蓉、庞凯参与下，经过多次讨论，统一了意见，由他们负责制造。我遂于 6 月 4 日返回西安。

回到西安后，根据新的技术要求，我积极对青工进行相关业务培训，准备大干一场。谁知等到 7 月上旬，接到总局通知，说是"87 工程"由于耗资太大，暂时下马。就这样，诺贝尔奖获得者杨振宁提议建造的直径 500 米的冲击盘之高能物理同步加速器工程夭折了；"小邵"的相关努力也被"暂时下马"了。这是我职业生涯中继"全能测绘仪器"功亏一篑后的第二大遗憾。后来，我在《军事测绘》杂志上看到，中科院设计了一座规模较小的同步加速器，交由总参测绘局完成，施测结果，其相对点位中误差达到 ± 0.50 毫米精度，与我先前设计的理论精度相差不多。

大地原点联测

接到总局"87 工程"暂时下马的通知，国测一大队就向我们登山分队下达了对大地原点进行三角和水准联测的任务。

《辞海》对大地测量的释义是："确定地面点位，地球形状大小和地球重力场及其随时间变化的精密测量。包括三角测量、导线测量、水准测量、天文测量、重力测量、卫星测量和大地计算等，为地形测图和大型工程测量提供基本的水平和高程控制，为空间科学和国防建设提供点位坐标、距离、方位角和地球重力场数据，为研究地球形状大小、地壳运动和地震预报等提供资料。"由此看来，它是一项费时费力的系统工程。

单就三角测量、水准测量而言，在 1950—1970 年的20 年间，据统计，完成一、二等三角测量和导线网 39 510点，三、四等 20 余万点。其中参加全国天文大地网整体平差的有 48 433 点。在 1950—1982 年的 32 年间，据统计，完成一等水准测量约 93 360 公里，二等水准测量约 13.7万公里。

国测一大队在造好大地原点建筑群后，紧接着就投入全国天文大地网整体平差工作中，进行野外收尾。收尾工作就像长江三峡大坝的截流封口。登山分队就是在这样的形势下，积极投入三角的补网联测和大地原点升降运动监测水准网的联测的。登山分队的总人数为 45 人，由于之前迟迟等待"87工程"，各中队相继从"闲置"的登山分队借走了10多人。借走的无一归队，而登山分队的任务并未减一分一毫，就三角而言，西至乾陵，东至渭南东的孙家塞，北至宜君的火烧山，南至秦岭的牛背梁和云台山。水准任务约200公里。其实际需要的总人数不能少于45人。登山分队的干部也奇缺。在测量托木尔峰高程时，我任技术副队长，组织上给我派了两名高级工程师当助手（技术助理员），此时已调回大队部；而派来的支部书记任景文，由于想调回家乡山西运城地质队，与家乡在乾县的赵文博对换，有时半个月甚至20天我也很难见到任景文一面，实际上是我一个人在主持工作。

任务繁重，困难重重，总得想方设法完成。我组建了以徐崇利（健在）为观测员，以李家祥（健在）为记簿员，包括赵东海（健在）在内的7人水准观测组。2个三角观测组则以齐昌家（健在）、高西江、贾军（健在）、刘虎生、王建国（健在）等技术骨干为主。由于司光站人数不够，我采取了各组不定员制，工作中根据各组观测方向的多少，由我统一调遣，从而解决了司光员人手不足的难题。

1978年7月15日，正式投入生产。

　　我首先将理论扎实、经验丰富、技术精湛、作风严谨的齐昌家调到大地原点去观测七个观测方向，以原点为核心向四条一等三角锁外传播。我的这位军测院的校友、共和国第一代一等三角观测员果然不辱使命，测定的成果质量极佳，传播误差最小，保证了传递质量。紧接着，我把同样也能打硬战的高西江观测组放在杨凌一带作业。如此这般，整个工作在最短的时间里全线铺开了。

　　由于青工没有观测一等三角测量的实践经验，一时间反映上来的问题较多，大队领导焦凤山给我派了一辆北京吉普，我在上述区域，几乎马不停蹄地去处理有关问题。

　　乾陵出现两个三角标志，究竟以哪一个为准呢？大队技术科长王义立（健在）和工程师李云（健在）来到现场，我们3人经过商议，最终决定以总参的标石为准。

　　高西江观测高钢标拿不下成果，我立即去传帮带。

　　杨凌点建立在隋文帝杨坚的冢墓上，31米的钢标，由于受地形地貌的限制，没有地方摆放投影站，投影困难，我第一时间想办法积极地去解决问题。

　　天天有问题出现，都需要及时地去处理。在司光方面，尽管我采取了科学的司光站调动法，但人手还是排不开，我只好独自一人，去临潼的骊山最高点——九嵕

（龙）头司光达 10 天之久，才把凉马台 7 个观测方向的观测任务完成。在这里最值得一提的是，在登山分队最困难的时候，一中队的技术权威吕瀚均（健在）伸出援助之手，火线支援分队测下了青龙寺一等三角点，并帮登山分队解决了几个难解决的问题，今天，借此机会，我再次向吕瀚均表示衷心的感谢。

在水准测量方面，我去徐崇利组检查过两次，我翻阅了他们的手簿，李家祥记簿字迹清晰美观，各项限差都符合《细则》要求。我觉得徐崇利观测技术确实已很成熟，无须多操心。徐崇利组于 11 月中旬提前胜利收测。

登山分队人员有的住在马棚里，白天气味熏人，夜晚四处透风；有的在水资源匮乏地区，喝的是牲口饮用的窖水……但都能以大局为重，心系祖国，精于事业，于本年底出色地完成了犹似大坝截流合龙的突击任务，值得骄傲。

一轮红日冉冉升起，灿烂的光辉普照大地。在大地测量建设事业中，国家投资相对最少、用人最少、工时最少的覆盖全国的独一无二的巨大工程完成了，建立了《1980年西安坐标系》，即 2008 年 7 月正式启用的以地心为原点的《2000 国家大地坐标系（CGCS2000）》。著名的奥地利大地测量学家麦赛尔认为：中国天文大地网整体平差，虽然用的是经典观测量、经典方法，但在近30年的时间建立起这么大规模的大地网并进行整体平差，成就是巨大的。

生命情义

1979年，我带领国测一大队五中队第三水准组在甘肃省阿克赛哈萨克自治县以西、库木塔格沙漠以南的多坝沟一线进行一等水准测量作业。该地区气候异常恶劣：时而烈日当空，把人晒得只想往土里钻；时而飞沙走石，弥漫天空，把人打得焦头烂额，只好趴在地上，双手抱头，以免击伤眼球；时而倾盆大雨，使人无处躲藏。从6月29日始，雨时断时续；7月10日，伴着少量的冰雹，几乎下了一天中雨；11日，风雨几乎连续了一天；15日，又下了一天雨；7月25日上午阴，下午两点左右下雨，越下越大。水准组住在道班房里，该房子设计有问题，没有排水沟，大家最多一次向外排水近400桶——每桶水约20公斤！

当年日记

这是当地罕见的下得特别大又持续时间特别长的雨。

没有柴烧，饭也做不成了，大家正准备睡觉呢，来了3个人，说他们是多坝沟的，洪水暴发，两台拉着人的拖拉机都抛了锚，离道班房约12公里，还说被洪水围困的人中还有娃。人命关天！我当即派出车由他们2人带路去接，但接回来的却是3个大人。我就问司机："不是还有娃吗?"

司机说他在现场没听见娃的呼救声。我思摸，呼救声可能被大雨声掩盖了，就埋怨自己，急于救人，没有向司机专门交代。实际上，这"2+3"5个家伙都知道另一辆拖拉机上还有娃。带路的或许是他仁的铁哥们，他仁见到车灯，就从水里爬出来，连滚带跑上了车，催司机开车。这5个家伙都怕救人耽搁时间，洪水再猛涨就没命了，而司机就这么糊里糊涂地把这5个自私的家伙拉回来了。经过询问，我知道拖拉机上还有5个娃和1个女教师，知道山洪借着雨势还在猛涨！

哗哗哗，雨还在下，时间就是生命，人命关天，我心急如焚。

一定得想办法把他们救出来呀，但我也得考虑再去救援的人及汽车的安全，作为一个指挥员，我最担心意外伤亡，毕竟雨仍在下，险情在加剧。此时，薛培根（健在）、赵东海主动请缨，而先前带路的那2个家伙似乎良心发现，也要跟去再次带路。去不去的天平瞬间就倾向去了，我终于放行了。

等啊等，揪心地等，我和留守人员终于把施援者等回来了。据汇报：一行人到河边，洪水已到大腿根了，薛培根、赵东海冒雨扑通扑通下水，就奔有人的拖拉机而去，奋力一个一个先把5个娃背上岸，岸上由带路人接应，转送到车上。

洪水越来越猛，已近腰部，薛培根硬是把最后的一位老师从拖拉机上背下来……大雨倾盆，水流湍急，一旦失足，他俩都将遇难。还好，薛培根硬是把胖乎乎的乡村女教师背上岸了。

薛培根有种。早在1977年测定托木尔峰时，我就看上了这个像头棕熊的小子，但还是想压一压这小子的冲劲，有一次就提出来要和比我小二十几岁的棕熊小子摔一跤。我是摔跤常胜将军，当年在巴音布鲁克草原摔赢了蒙古汉子，祝良佐不服，要和我较量，结果上来就叫我横着撂出去一两米。在野外带毛头小伙子，没有两手，有时还真说话不灵。我就这么和棕熊小子撂上了劲，结果没有撂过棕熊小子，被棕熊小子撂倒了。这是我有生以来第一次被人撂倒。但这一摔摔得好，身为分队副队长的我就和队长焦凤山商量，让薛培根、王延安登托木尔峰顶，我俩一致认为，让这两小子出马，更有把握代表测量分队为国争光。后来，当他俩已经爬到海拔6 100米处时，登山队党委怕出意外，作出决定，让他俩下撤。下撤令我不服，但得服从上级决定呀。所以，至今我仍耿耿于怀，替麾下两员猛将的"行百步者半九十"深表遗憾。

人都救回来了，无一伤亡，我很高兴。事后，我开培根的玩笑：

"培根，你当年没有登上托峰顶，今天背了一个胖乎乎的大姑娘，老天爷给你扯平了呀。"

薛培根憨憨地笑了。

我又说："培根，你背着一个胖乎乎的大姑娘，重不重呀？"

"不重，不重。"棕熊小子连声答道。

周围的同事都笑了。

天已黑严了，荒滩野岭，被救的人压根无处去。由于无条件烤火，更无法做饭，抢救回来的娃个个冻得嘴唇发青。好在他们都是二年级的男娃，个个都脱光了，露出了小黄瓜，同志们一个人搂着一个睡觉给他们暖身子。还剩下这位老师怎么安排呢？她个头不高，最多 1.57 米左右，但长得结实、丰满，标准的"红二团"脸蛋，堪称戈壁滩上的一朵牡丹。

乡村教师全身湿淋淋的，冷得够呛。共产党员赵东海把自己的皮大衣披在了她身上。我想这件皮大衣不仅暖了她的身子，也暖了她的心。我们是响当当的国测一大队铁军呀。

剩下的几位贪生怕死的男士，我根本不想管他们，反正是夏天，不会冻死人。后来一想，这也不对。于是，我又动员全组同志，包括我自己，都拿出上衣给他们换上了。坐的坐，睡的睡，一切就绪，已是半夜三点了。早晨起来，我搂的这个娃由于同大家一样挨饿，身上还是冷冰冰的，但嘴唇已不发青了。

屋外，雨继续添着新愁。断炊事大，我派赵忠继（健在）用小车把男娃和老师送往多坝沟建设公社，交由公社的头头梅宝银想办法安排。余下的人只好继续住下来，等公社来人来车解救拖拉机。屋子又灌满了水，大家继续紧张地排水，直到下午六点，雨才停下来。7月26日这一天，我印象太深了：小车回来，把建设公社支援的馒头带回了几十个，解决了饥饿问题。

7月27日一大早，我就派赵忠继开小车到阿克塞县委报信，说多坝沟被洪水淹没了，快来抢救。小车11点才回来。阿克塞县委得知这一消息，立即派县委办公室宋主任和组织部张部长来到水准组住处，代表县委对测量人员表示感谢。双方问过姓名后，张部长双手紧紧握住我的手说：

"我代表县委书记对你们表示最衷心的感谢。"泪珠在他眼眶里转动。他又动情地说："你们测量队太好了，我

们应向你们学习吃大苦耐大劳的精神。老邵，你救了我们
9条人命呀！以后如果你们遇到什么困难，尽管来找我，
我会想办法为你们解决的……"

这时我的眼眶也湿润了，我想到这是一次冒险行动，
闹不好战友就会被洪水吞噬，而失去战友的痛苦我体会得
太深太深了。于是，我说："我们都是同胞兄弟姐妹，这
是我们应尽的义务和责任……"

宋主任接话说："你们如此的辛苦，到我们这偏僻的
地方搞建设，值得我们好好学习啊！"

我看着宋主任同样湿润的双眼，听着他的肺腑之言，
心底油然浮现出米书记的身影，浮现出了他在极艰苦的岁
月里，给予测量人的援助，以及托人送给自己的那盒自加
勒比海出发穿过层层碧浪来到青藏高原的高档古巴雪
茄……我想，共产党的干部就是好，始终与人民心连心。
于是，宋主任说完后，我由衷地说道："这是党培养教育
的结果。为了把祖国建设好，使她强大起来，我们吃点苦
算不了什么。"

张部长接着说："欢迎你们有时间到县上来，我请你
们吃手抓羊肉。"

我开玩笑地说："光请我们吃手抓羊肉还不够吧，起

码赏我半斤老白干吧。"

他笑着说："那是一定的，那是一定的。"

约半个小时后，他们一行就急急忙忙地去视察灾情去了。

后来，阿克塞县委真的帮了国测一大队五中队不少大忙。如汽油供应紧张，是县委给解决的；一次性批给其下属的第三水准组 6 只羊等，总之，有求必应。大地测量为的是党的事业、人民的事业，党的各级干部、各族人民也时时处处理解支持大地测量事业，中华人民共和国有望跻身世界富强之国的行列！

附 录

邵世坤工作即兴诗拾遗

湖北、陕西工作区

1. 坐骑东山①观四海，武当奇峰金光闪。

　　万壑云淹海岛现，天宫一游赛神仙。

1963 年 5 月 6 日

---

① 位于武当山，二等三角点。

2. 测绘健儿走天下，半山林中藏石屋①。

"天生一个仙人洞"，食宿方便胜似家。

1964 年 5 月 29 日

3. （1）别离泉溪来封山②，愚妇刻薄食宿难。

饿腹急蹬险峻岭，赤心为国排万难。

（2）阶级兄弟全不换，远迎我们是小樊③。

接背仪器蹬封山，保证观测留荣篇。

（3）林荫小路八卦山④，在此工作两昼眠。

山高名药盛产富，不恋闹市恋此山。

1964 年 6 月 5 日

4. （1）皎月当头照，东风吹树啸。

寒冷催我睡，明日战马山⑤。

（2）乌云当头擎电闪，急步抢前找人家。

若非为国到此地，哪能喝上太和茶。

1964 年 6 月 28 日

5. 瓢浇大雨淋全身，北风吹来寒逼人。

夜睡水地潮浸人，忠心为党不怕寒。

1964 年 7 月 11 日

---

① 位于湖北省泉溪。
② 位于武当山，二等三角点。
③ 樊慎荣。
④ 位于湖北省竹溪境内，二等三角点。
⑤ 位于武当山，全名马鞍山，二等三角点。

6. （1）滔河垴①上日中天，白雾苍滔巨浪翻。

　　　风卷残云露青山，西阳斜照红半天。

　　　转动仪器四方观，觇标清晰在眼前。

　　　精心测下好成果，速决迁站奔下点。

　（2）身背仪器窜山野，踏遍巴山万重山。

　　　巴山虽高视青牛，坐骑青牛唱山歌。

　（3）江山多娇，祖国宏图要展。要展要展，终
　　　午鏖战。

　　　烈日当空，赤背阔步急行。急行急行，分
　　　秒必争。

　　　　　　　　　　　　　　　1964 年 9 月 5 日

7. 造标员之歌

　　旭日东升红半天，造标健儿竖标忙。

　　手撑橹柱螺钉上，瞬间又是一层楼。

　　壮志凌云力无穷，十丈钢标踩脚下。

　　秦川八百由我走，我为祖国建标架。

　　工农战线传捷报，你追我赶争上游。

　　党旗指挥我前进，高歌猛进又长征。

　　　　　　　　　　　　　　1978 年 4 月 22 日

---

① 位于神农架，二等三角点。

四川省工作区

建寻常标之歌

壮志凌云天不怕，

开山炮响炸标坑。

如同春雷山河动，

雪山顶上建功业。

山高使人看得远，

眼望北京心向党。

万重峰峦脚下踩，

红心能使雪融化。

我为祖国竖标架，

扛起斧头走走走，

跟着主席走走走，

革命路上不停留。

1966 年 5 月 4 日于新龙县扎宗寺

新疆工作区

1. 水准测量员之歌

水准测量集体干，工种配合是关键。

各尽其职攻测线，车水马龙直向前。

向前看山高路陡，向后看脚蹬云巅。

昆仑离天三丈三，我们志气冲破天。

空气稀薄我不怕，风寒刺骨只等闲。

锤头叮叮当当响，尺桩①冒火地里钻。

量距不差半分毫，武艺高强苦中练。

水准仪器前后看，笔尖不停沙沙响。

认真读数精心记，测一站来保一站。

质量第一夺高产，任务定要提前完。

为四化英勇献身，这是我们的心愿。

1980 年 5 月 18 日于叶城县

---

① 尺桩为一铁锥，入地后做标尺的基础，防止标尺下沉，确保观测精度。

2. 展宏图

昆仑绣彩带，

层层风飘逸。①

巅谷多积雪，

山川尽峥嵘。

离家一万里，

边塞显神通。

测出新高程，

四化绘宏图。

1980 年 5 月 20 日于叶城县

---

① 雾像哈达一样，一层层浮在山腰，风来风去上下飘逸。

在我国首次珠峰测量 40 周年暨珠峰复测 10 周年座谈会上的发言

国测一大队老兵　邵世坤

各位领导、同事们，大家好！

珠穆朗玛峰（以下简称"珠峰"）高程的测定，不仅有重要的科学价值，而且有重要的政治意义。

早在新中国成立之初，中央人民政府就提出《精确测定珠峰高程，绘制珠峰地形图》的要求。远在 1822 年的《皇朝地理图》和 1844 年的《大清一统舆图》就标明了珠穆朗玛峰。全世界号称第一高峰，但没有标明它的高程数据。珠峰在我国版图之内，没有自己测定的高程数据，作为一个搞测绘工作的测绘人，心里真不是滋味，同时觉得这与我国的地位也是极不相符的。

尽管有不少的外国测绘工作者想精确测定珠峰高

程，但由于种种原因都是无功而返。1966 年、1968 年的两年间，国测一大队的同志们历尽艰辛，排除万难，在大家的努力工作下，为测定珠峰高程做了最充分的准备工作。

1975 年，我和另外 7 名队友很荣幸地承担了测定珠峰高程的光荣使命。在中国登山队和军测队战友们强有力的配合下，奋战 50 多天，以最科学的方法布设交会点，以首次在珠峰之巅竖立觇标的创举，于 5 月 27 日完成了对珠峰高程的测定。7 月 23 日，新华社向全世界公布了珠峰海拔高程为 8 848.13 米。这个数据立刻得到联合国和世界各国公认，成为世界地图集和地理教科书上的权威数据。这是我们以精超的测绘科学技术和敦厚的作业实力所获得的成果，成果的取得确实来之不易。为此，我们为祖国赢得了荣誉，无疑也提高了我国的国际地位。

珠峰又被称为第三极。它部分控制着地球的演变和发育，反过来说，它的演变影响着我们建设"地球村"家园。珠峰地区现在的地貌是经过几亿年漫长的过程演变来的。从大构造发展循回来划分，中生代属阿尔卑斯期，其中包括了印支和燕山两次运动。印支运动系指发生于三叠纪时期的构造运动，是我国喜马拉雅山区的一次重要地壳运动，也波及华北地区。自上新世至第四纪，喜马拉雅山运动以垂直差异为主，其间亦经历多次构造变化，形成褶皱及冲断层，重要的有上新世和晚更新世末期运动。这一明显变化的重要意义已越来越被人们所重视。因为地理的变迁，影响着气候的变化和构造地震等。

　　近年来，板块学说的兴起，使大地构造学者们认为，印度板块直插喜马拉雅板块。由于地球自转速度不均匀或其他原因，迫使珠峰隆起并向北移，使我国的国土面积越来越小，这一共识引起了科学家的关注。

　　地质学家李四光指出："我们对地质构造的分析，应该着重考虑工作方法，才能清清楚楚根据客观存在的实际现象，一步步前进，直到抓住问题的本质。"这个本质就是珠峰一年究竟能上升多少米？水平位移又是多少米？要解决这个"量"的问题，大地测量工作者是责无旁贷的。这就突显了测定珠峰高程的重要性，为之提供最有说服力的科学依据，服务于全人类，所以其意义特别重大。

　　下面我想谈谈1975年测定珠峰高程时，一个很少有人知道，至今也没报道过的事。1975年，我们8人只有我一人身兼两职（三角测量和重力测量），我必须付出更多。

在我回来向社会各界汇报时，没有提及此事，我想重力测量主要是以梁保根同志为主，我仅仅是协助而已，我也希望能通过对梁保根的采访，让更多人知道重力测量的艰苦。可梁保根同志为人谦虚，性格内向，他只把自己的付出轻描淡写地说了几句。今天，时隔40年，我想告诉大家梁保根同志完成重力测量的艰难历程。

1975年珠峰高程测定，梁保根和我的重力测量任务是从大本营海拔5 200米、5 500米、6 000米至6 500米开始，建立4个重力测量点。其中有两个测量点必须直接爬到山顶与三角点进行联测，每联测一个重力点，都必须进行往返闭合测定。而我们的夜宿地只有5 200米的大本营和6 000米营地。实际我们每建一个重力点，要跑三次，而不是往返两次，这无疑增加了很多工作量。当联测最后6 500米重力点时，意外的事情发生了。那天，天蒙蒙亮，我和梁保根背着沉重的重力仪器，向北坳山麓进发。海拔6 000米的高度，空气已经很稀薄了，由于缺氧，你想往上爬，但两条腿就是不听指挥，总是在原地打转转。我俩咬紧牙关，当爬到北坳冰川的边缘时，梁保根突然抱着肚子，疼痛霎时间让他脸色苍白，黄豆粒大的汗珠流出来。我急忙问道：怎么了？他说："肚子疼得厉害，就如刀绞。"当时我慌了手脚，不知道怎么办才好。想想干脆把仪器放到山上，背不动他，就搀他下山。我说："咱们回营地吧。"但梁保根坚持不肯，他说："如果任务不能按时完成，就会影响全局。"他坚持的心情我能理解，但人命关天，我还是坚持搀他下山。谁知平时内向少语的梁保根，此刻有点急了，他说："即便是我死了，也要完成任务。"接着又对我说："如果我真的死了，请告诉组织，我的尸体就埋在北坳山下，我要与珠峰永远相伴。你回去对我爱人讲，让她不要太难过，为国捐躯是光荣的。把两个女儿抚养成人，我在九泉之下也就安心啦！"那一刻，我热泪盈眶，还能说什么呢？半个小时后，梁保根的疼痛减弱了，也不冒虚汗了，我们坚持背着沉重的仪器，一步三喘地向6 500米高地爬去。任务终于完成了，但太阳也快要下山了，此刻我们又面临着死亡的威胁，如果当晚不能赶回6 000米营地，就会冻死在路上。返回的路上有两处陡坎，高度有十几米，一旦失足滚下去，不死也会重伤。考虑到梁保根身体还很虚弱，几乎连平路也走不成，我就先把两台仪器分两次送下陡坎，然后再爬上去接梁保根，我在前他在后，相差一米的距离，万一有什么闪失，我在前面可以挡一下。我们不敢站起来行走，只有蹲下，用屁股一点一点往下蹭。赶回营地已经是后半夜了。梁保根仍在疼痛，人缩成一团。我赶紧烧了一壶只有 60 度的"开水"为他暖胃。这时中科院的刘同志也赶来帮忙，他懂得一点医疗常识，感觉梁保根得的可能是胃痉挛。我给梁按摩，刘同志时不时也揉梁的穴位，折腾了半天，梁保根大有好转。第二天我护送梁回到大本营，并向队长汇报了情况，队长决定让梁回日喀则疗养。但梁保根坚决不肯，他说只要不是胃穿孔，慢慢就会好的，关键是还有很多收尾工作必须由他来完成。队长只好答应了。

为了建立世界最高的重力点，郁期青主动请缨攻克了北坳 7 050 米的测量高度。终因感冒发烧 40 多度，住院后由原来的 140 斤消瘦到 70 斤，不言而喻，真是瘦到皮包骨头了。同样，梁保根也消瘦了十几斤，他虽骨瘦如柴，双眼塌陷，步履艰难，但他仍然默默地坚持工作，这种为国争光，视事业为生命，勇于克服困难的精神，是我永远学习的榜样！

谢谢大家！

2015 年 7 月

邵世坤职场履历表

时间	单位	学习、工作	职务
1951.7—1954.2	中国人民解放军测绘学院天文大地测量专业	学习	学员
1954.2—1954.12	总参测绘局大地实习队	在河南省向苏联专家学习一等三角测量野外观测	见习员
1955.1—1955.12	总参测绘局大地实习队	在江西、广东省给苏联专家记簿	专家的助手兼翻译
1955.12—1958.3	总参测绘局第二大地测量队	在湖北公安至四川广元、龙口坝进行一等三角测量	观测员、作业组长
1958.3—1958.12	陕西镇巴县新房坪	干部下放劳动	社员

时间	单位	学习、工作	职务
1959.1—1960.3	国家测绘总局第七大地测量队	在新疆进行一等三角测量	观测员、作业组长
1960.3—1960.12	国家测绘总局第七大地测量队	在西藏进行一等导线测量	观测员、作业组长
1961.1—1962.12	国家测绘总局第七大地测量队	在四川川西—青海果洛地区进行一等三角测量	观测员、作业组长
1963.1—1964.12	国家测绘总局第七大地测量队	巴东二网改造，在神农架—大巴山—武当山地区进行二等三角测量	观测员、作业组长
1965.1—1966.9	国家测绘总局第七大地测量队	在川西甘孜—青海果洛地区进行一等三角测量	1965年观测员、作业组长，1966年升副中队长
1966.10—1968.10	国家测绘总局第七大地测量队	在苏州第一光学仪器厂研制DJ2光学经纬仪	研制小组副组长
1968.10—1972.2	中国地震局第二监测中心	与王春先、罗新荣一起管理"中心"	技术负责人

时间	单位	学习、工作	职务
1972.2—1974.10	西安光学测量仪器厂	抓质量促生产	厂质量总检组组长
1974.10—1975.3	陕西测绘局测绘仪器厂	（刚成立，没有具体岗位和职务）	
1975.3—1975.5	国家测绘总局第一大地测量队	参加珠峰高程测定	三角与重力观测员
1975.11—1975.12	国家测绘总局第一大地测量队	勘选大地原点位置	勘选员
1977.3—1977.8	国家测绘总局第一大地测量队	参加托木尔峰高程测定	技术副队长
1978.5—1978.7	国家测绘总局第一大地测量队	参加国家六五规划"87工程"设计大地测量施测方案	副中队长
1978.7—1978.12	国家测绘总局第一大地测量队	对大地原点进行三角和水准联测	副中队长
1979.3—1981.12	国家测绘总局第一大地测量队	在甘肃、青海等地进行常规一等水准测量	副中队长

时间	单位	学习、工作	职务
1982—1985	国家测绘总局第一大地测量队	在山东菏泽进行二网改造（选、埋、观）	中队长
1985—1995（退休）	国家测绘总局第一大地测量队	应邀审校《关于陀螺经纬仪工艺流程和测试方法的说明书》，在西安进行大雁塔形变测量等，应邀设计、责编《欧亚大陆桥旅游经贸图》	工测队队员

往事回忆说真爱

白　阳

《拉萨河畔民族情》篇结尾有一段话很重要："大地七队自组建之日起，就专啃硬骨头；我所在的大地七队三中队下辖的小组啃的是硬骨头里的硬骨头。所以，我们观测组吃的苦是比较多的⋯⋯"这段话揭示了邵世坤之所以成为共和国第一代优秀测量员之一的组织属性。"若问苦不苦？想想长征两万五；想到长征两万五，再苦也不苦。"这首打油诗是邵世坤1959年在新疆顺口说出的，工

中国人民解放军测绘学院
天文大地测量专业学员邵世坤

作中遇到难啃的骨头，他总是以红军精神激励自己，提振士气。凭借这股精神，他率领战友于1959年5月至1960年3月在南疆高开高走打赢了江岭哈尔托尔盖一等三角点、姜太勒米堤一等三角点和绕塔里木盆地一周的返工重测高钢标三场硬仗（依次详见《雪山上的七天七夜》《用生命系住的胜利》《塔里木盆地的胡杨》篇）。在艰苦岁月，一年三场硬仗外加一场与群狗的厮杀（详见《刮肉疗伤学关公》篇）至今传为佳话。

邵世坤原本就是共和国第一代天文大地测量专业的优

秀科班生，毕业成绩第四名（第一至第三名算上等生，各奖励 10 公斤小米），加之勤奋好学，遂成为苏联老大哥教出的高徒："这一年春（1955 年），我被提拔给尤苏波夫少校当助手。众多的见习员中，百里挑一，提拔了两个给专家当助手。"（《在向苏联老大哥学习的日子里（下）》），简称（《在向苏联老大哥学习的日子里（下）》）。在 1943 年苏联出版的《一、二、三、四等三角测量细则》（简称《细则》）中有个说法：只有技术过硬、经验丰富的少校以上的观测员，才能观测一等基线网。邵世坤担任观测员初期，军衔虽为少尉，却"技术过硬、经验丰富"，完全能够胜任"观测一等基线网"的重任，上述"在艰苦岁月，一年三场硬仗"就是明证。

1969 年，邵世坤带领队伍在云南东川建造了小三角网实验田，1970 年在宁夏的石嘴山、西安地区的口镇，又带领队伍建造了两块小三角网实验田。这三块试验田硕果累累，不仅提高了三角测量的精度，达到了当年地震预报跨断层水平位移所需要的毫米精度，而且也为日后国家六五规划中的"87 工程"之大地测量施测部分提供了突破瓶颈式的数据支撑。

邵世坤丰富的三角测量经验在 1975 年的珠穆朗玛峰高

程测定中，发挥得如何呢？请看本书附录转载的《在我国首次珠峰测量40周年暨珠峰复测10周年座谈会上的发言》（简称《发言》）。该座谈会的与会者中有陕西省领导和国家测绘地理信息局以及省局领导和省局各院、处优秀共产党员，《发言》会前经过审核，会后在陕西省各界广泛演讲。邵老在《发言》中把自己视为陪衬，赞扬的是梁保根。可是，客观地看这个陪衬，其中有三点亦令人叹为观止。其一，"我们8人只有我一人身兼两职，我必须付出更多"；其二是"梁保根的疼痛减弱了，也不冒虚汗了，我们坚持背着沉重的仪器，一步三喘地向6 500米高地爬去"；其三就是引文的结尾部分。关于其一、其二的意义，《中国测绘报》记者喻贵银和邵老都认为，这一次珠峰测量，邵世坤"一个人干两个人的活，既干三角测量，又干重力测量……破了两个世界纪录、一个个人纪录。世界纪录是把三角测量交会点推到了海拔6 300米；另一个是这个交会点离珠峰最近，仅8公里；个人纪录就是心跳的最高纪录，在到达观测点时，心跳一分钟达到210多次。"

　　《发言》结尾提到的"两处陡坎"对于不负重的登山者来说仅上下一趟也是极大的挑战，对于体力严重透支且薄暮下山者而言，简直就是鬼门关。而当年40岁的邵世坤，在体力严重透支的情况下攀上摸下三趟，尤其是前两趟负重摸下、后一趟摸黑攀上摸下，其间蕴藏的出类拔萃的体力、意志和攀险涉危的能力，细细品之，令人赞叹称奇，而救人者的精神抛物线端点就体现在"我在前他在后，相差一米的距离，万一有什么闪失，我在前面可以挡一下。我们不敢站起来行走，只有蹲下，用屁股一点一点往下蹲"之场面中的"挡"字上。"挡"是什么呀？是决意中的身先死，是用刹那间的阻力留存战友的身先死。这就使人不禁想起《用生命系住的胜利》篇中的那个著名的"扶了一把"。都道是"艺高人胆大"，邵世坤的"艺"是从哪里来的呢？

长白山哺育东北虎，也哺育豪杰。邵世坤 6 岁的那一年，缠着要跟爷爷上山采蘑菇。使爷爷出乎意料的是，小孙子本领比自己想象的高强许多，上山林、下山林居然半步不落；到了目的地，爷爷叫孙子在山林深处一小块草坪待着，自己则背着篓子去采蘑菇。嘎小子如何能静守一隅，一待爷爷背影消失，立时跑入草坪前面的小河捕捞蝲蛄（像龙虾但比龙虾小）去了。小河清浅，蝲蛄甚多。虽然蝲蛄的螯夹小家伙的手，但待爷爷急匆匆赶回来时，小家伙已经收获了近 2 斤蝲蛄。回家后，将蝲蛄用油一煎，爷爷就下酒了。老人家边喝小酒边夸赞小孙子。说小孙子上山林、下山林半步不落，说小孙子捕捞蝲蛄不用人教，还说小孙子不怕黑瞎子、东北虎；末了又直拍自己的后脑袋，抱怨自己不该把小孙子留给猛兽。捕捞蝲蛄的小家伙年龄稍长，"冬季套上狗爬犁，兴奋地跟着爷爷去打猎。当打上一只狍子胜利而归的时候，小小少年更加开心，简直高兴得要发疯。"（引自《川西高原除豹》）老人家见熟人就夸赞自己的铁杆帮手：

"这小子长大了当红胡子肯定是块好料。"

"胡子"在东北话里意为土匪，与"红"连在一起说的就是抗联战士。谁也没料到，邵世坤长大后真的成了"红胡子"，不过，不再是抗联战士，而是测绘战士。这个战士也真是"好样的"，不久就成了小小司令。这个司令的本色行当是"观测员、作业组长"。在独自引领一个小组的艰险环境，这个司令总是当得游刃有余，而且越是在听之则生、不听则亡的艰险环境，这个长白山养育出的一身东北虎气概的好儿郎的威望越高，其帅才越是发挥得淋漓尽致！

邵世坤独自操盘是1955年："我把20多人的观测组管理得井井有条，尤少校很欣赏，因此更放心让我做领导了"（《在向苏联老大哥学习的日子里（下）》）。做领导

1960 年，邵世坤在拉萨布达拉宫前留影

的结果如何呢？该篇末段第一句就侧面反映了他率领同志们工作的业绩。然而，"雪山上的七天七夜"才是本司令提刀上马出雄关的第一场恶战，此战练就了他的钢筋铁骨、火眼金睛。恶战发生在 1959 年，邵世坤时年 24 岁。俗话说："3 岁看大，7 岁看老"从邵世坤的 6 岁、24 岁看他的 40 岁，三点连成一线，穿过"体力严重透支薄暮"之障碍，三上三下拿下"两处陡坎"者，不是自然而然的吗？他经历了 1959 年 3 月 15 日至 1960 年 3 月 15 日整整一年的出测，杀伐决断间一下沧桑了 15 个春秋，25 岁的小伙子看上去俨然迈入不惑之年的铁铸汉子，国家多重的担

子都能一肩挑起！老了吗？不老不老。首先是心不老。作为一等三角观测员，邵世坤一生除乔戈里峰（业内简称K2）和神山外，所向披靡，登顶高山、险峰无数。正因为如此，"越是艰险越'想'前"的他格外想登顶K2和神山，一如当年犟驴越是把他摔下来，他越想征服犟驴一样。1975年测量珠峰期间，他将此心愿和拿下K2、神山对测绘事业的好处向国家登山队政委王富洲和副队长许靖作了陈述，并说西坡登顶神山险是险，但只要组织叫他登，他就能登上去。登山队领导亦有攀登K2的意愿，认为条件成熟，先登顶K2再登神山。可惜后来不知什么原因，国家最终没有组织攀登K2，登顶神山也就更无边际了。壮志未酬的邵世坤几多长夜难眠、耿耿于怀呀。他最想从西坡登顶神山，看看当年是什么原因把一等三角锁逼得绕了个弯，毕竟在邵世坤的大地测量职业生涯中，被逼得绕弯的一等三角锁仅此一条。继"全能测绘仪器"功亏一篑和"87工程"任务旁落，（详见《你好，西安光学测量仪器厂》和《300个日日夜夜》篇）未能登顶神山就成了邵世坤职业生涯的第三个遗憾。

1977年测量托木尔峰，身为中国登山队托木尔峰测量分队副队长的邵世坤总是冲杀在第一线，以下日记与照片记录了当时的工作场面，一叶知秋，令人想见邵世坤在测定托峰高程中的担当。

6月18日。一行19人将天文三角加强组（自海拔3900米营地）送至（海拔）4800米的冰川。路极度难行，踏冻雪，过冰碛，跨冰湖，串（穿）冰隙，爬冰坡。早8点出发，晚7点30分才返回营地。同志们都表现得相当顽强，冰崩四起，也挡不住我们胜利前进。

接近冰塔林休息时，刘虎生给大家照了这张相。

中间为刘永诺，其后仰望者为邵世坤

好一个"冰崩四起"，托木尔峰的"危乎高哉"令人徒生敬畏，未登神山者可以无憾！

1982—1985年，在山东菏泽二网改造建造钢标时，卸车搬运、造标搬运，3根捆在一起的约75公斤的橹柱，即将 50 岁、时任国测一大队第五中队队长的邵世坤走得最快、扛的次数最多。而接下来的造标扶橹柱，简直就是现代版的"许诸裸衣斗马超"！行内人都知晓，造标最危险的活就是扶橹柱。而咱们的"邵大胆"就站在高处扶橹柱，汗气蒸腾，激情澎湃，与"马超"大战 300 回合，硬是在战友的配合下，一层一层地把 35 米高的钢标建立起来！据国测一大队新近退休的纪委书记王新光在西安地图出版社 2016 年出版的《不忘初心——国测一大队艰苦奋斗无私奉献的故事》一书中的第十七章《薪火传递后继有人》中回忆："第一次跟邵世坤师傅出外业时……35 米高的'铁塔'巍然屹立，让这些小伙子心生畏惧。快 50 岁的邵师傅却身轻如燕，不一会儿就上到了钢标顶。身先士卒……"瞧瞧，瞧瞧，年近 50 岁的他不是比小伙子还精力旺盛、干劲冲天吗？其"许诸"行为一如当年在巴音布鲁克草原的"典韦"行为（见《刮肉疗伤学关公》篇有关描写），令人叹为观止。他这个人为了国家、为了人民，就是如此勇猛、朝气勃勃。这里的为了人民，包括维护民族大团结。在邵世坤的外业经历中，多与少数民族打交道，他尊重兄弟民族的信仰、生活习惯，兄弟民族也支持测量工作。他认为"人民的利益高于一切，民族团结至关重要"。50 多年前在青海省久治县彩虹谷遭遇雷击而不死，他认为这是民族宗教在暗中护佑自己，而身先士卒过暴涨的拉萨河和川西高原除豹则是用生命捍卫民族团结（依次见《彩虹谷》《拉萨河畔民族情》《川西高原除豹》篇）"苟利国家生死以，岂因祸福避趋之"的情怀与其独具的东北虎气概皴染出了他"正直豁亮、敢于担当"的人生色彩。

《用生命系住的胜利》篇结尾够风光了吧，可是当初，谁知邵世坤在巴音布鲁克草原买那 5 匹马还是下了一番决心的，因为按照领导的安排，从天鹅湖畔迁站到库车县城，运送装备、行李不是买马而是雇驴。那么，邵组长为什么还要忤逆上意、擅自做主买马呢？因为穷人孩子早当家的他把账算过来算过去，还是买马划算，因为买马到库车县城后还能卖呀，这一出一进还能给国家节约近两千元钱。后来证明果然如此。当观测小组收测回到西安，如实交了差，报了账。当初决定雇驴的领导听说该小组为国家节约了钱，一贯严厉收拾有令不行者的他，见了"犯上"的邵组长并未提及此事。而原本做好准备与该领导理论一番的邵组长见其对自己"网开一面"，也就放弃了与其理论的念头，更没有在任何人面前表过功。光阴荏苒，退休后的一天，邵世坤和一位战友一同去拜访该领导。老上级对邵世坤说："再让我当权，我一定提你当一把手。"邵世坤冲口而出又顶了老上级一句："你说的是废话。"该领导的夫人和 3 个老战友都笑了。

1959 年，测站员工从巴音布鲁克草原前往库车县途中

《转战果洛山南北》篇末的与警察间的误会冲突，则从生活角度火辣辣地揭示出了主人公"犯上"的性格特点。不经意间偶尔露峥嵘的"犯上"，是主人公人生色彩中的"灰色"，但也是其"正直豁亮、敢于担当"性格中的一部分。

邵世坤的性格是在长期的"听之则生、不听则亡的艰险环境"中养成的，犹如老八路的刺刀是在与日寇的浴血拼杀中磨砺出的一样。虽然它有时在坚守中少了些人情，甚至"犯上"，却总能使公家的事受益。然而，随着年事增高，当他由一线转入二线，越来越多地出入机关大院与知识分子共事时，他的杀伐决断作风也就相应越来越对不上路数了，甚至造成了其人"职场上驼峰般的起起伏伏"。这一点从其"职场履历表"可以客观地反映出来。需要说明的是，该表 1977 年一栏中的"技术副队长"属于国测一大队副队长级，还须说明的是，每一次的"伏"，邵老本人都没有任何工作过失。纵观邵世坤职场起伏线，其峰谷值最大、最陡的是由中国地震局第二监测中心领导（副厅级）直降西安光学测量仪器厂总检组组长，异乎寻常的是，这第一次"坐滑滑梯"是他自找的。从时序上看，它在邵世坤本人的三起三落中（第二起落是由登托木尔峰时的副队长级至副中队长，第三起落是由中队长至工测队队员）也位列第一，这就不禁使人想起了他在更早的时候，把荣誉一次次让给司光员的事迹（详见《光荣的司光员》），进而使人感叹他一生有意无意间把荣誉让给了多少人呀！如果说，业绩优异出众、职场三起三落是邵老一生的写照的话，那么，其人落入低谷时的"位卑未敢忘忧国"的所作所为就最能体现其人一辈子的品质。人，最大的遗憾莫过于三起三落而以落收场，最宝贵的则是失落之后的精神高扬。一些老战友特别有感于邵世坤失落之后的精神高扬，叹息他当初的倔强中能有几分灵活就好了；也有的老战友说他能在"知天命"之年从国测一大队铁军里的王牌师——第五中队队长的岗位上退入二线，与其最初的大地七队三中队下辖的邵世坤观测组组长遥相呼应，也算成就了共和国"观测员、作业组长"本色行当里的模范之一，其"负戈外戍，杀气雄边"（钟嵘《诗品》）的豪迈，值得后来者骄傲；还有一些老战友特别惋惜邵老退休前在工测队的那几乎无事可干的10年，说这都是老邵当年太耿直、目中无人惹得不是。否则，老邵在这10年本可以为国家做更大的贡献，自己的待遇也会实至名归，漂亮"收官"。说来说去皆牵挂，万水千山总是情。可是邵世坤听了总是一笑了之，那未说出的心境是：风风雨雨俱往矣，革命路上不回头！

率领五中队（登山分队）在菏泽造标，我身先士卒，扶撸柱抗标材，没有几个小伙子比得过我的。在刘虎生创建流水法作业的基础上，我注意调动指挥，很快就完成了任务。这在造标史上也是少见的。但当进入观测时，不知为何，我的建议和指挥不再被接受，我一气之下离开了菏泽。

菏泽造标后进入观测工期，是1984年的事，老邵一气之下不干了，到了哪里？到了处于生产二线的工测队。瞧瞧，瞧瞧，再怎么有理、委屈，也不能这么一走了之啊，这就说明了其人三起三落之最后一落也是有自身的原因的。邵世坤职场大幕落下了。在这里，显然不能说"李广难封"，但这个十月怀胎在山东、生在闯关东的路上、长在东北、工作在祖国大地、落脚在陕西的汉子，冲锋陷阵"大小70余战"（引自《史记·李将军列传》。下同），只因仗仗身先士卒，"饮食与士共之"，从来没有怕过死，所以才没有死，沙场上，老天爷似乎也厚爱这个勇士，却神似两千年前的飞将军呢。

邵世坤至今仍把功名看得很淡，眼下依旧不辞寒暑在三秦大地宣讲着测绘精神，宣讲着光荣的国测一大队，宣讲着战友的英雄事迹；号召年轻人发扬革命传统，热爱祖国，为祖国的富强奉献一切。诚如他自己在序言中所言："人已解甲归田，心还随着光荣的队伍远征。"

2016年2月5日（丙申年腊月二十七），陕西省四大班子在陕西宾馆举办迎春团拜会，共摆了35桌，邵世坤以"原国测一大队工程师，第二届三秦楷模集体代表"身份和其他3位"第二届三秦楷模集体代表"一同被安排在第1桌次，与时任省委书记赵正永、省长娄勤俭等领导坐在一起。

清茶飘香，炫光闪烁，快门声声里，邵世坤分明看定的是赵书记，脑海里却浮现出了昔日中共青海省班玛县委米书记的音容笑貌，浮现出在那艰难的岁月里，米书记一幕幕雪中送炭的场景；同时也时空交错幻化出 61 年前中共江西省委书记邵式平的身影，进而闪现出去年"七一"习总书记给国测一大队老党员的回信。"共产党的干部就是好，社会主义的祖国就是好！"邵老在心里一遍又一遍对自己说着，一轮"不忘初心"的朝阳油然自心田涌起，金光灿灿、暖意融融，眼前仿佛春风杨柳万千条，耳畔油然响起老伴爱唱孙女也爱唱的《春光曲》。

　　我们在回忆，说着那冬天

　　在冬天的山巅，露出春的生机

　　我们的故事，说着那春天

　　……

　　我们慢慢说着过去，微风吹走冬的寒意

　　我们眼里的春天，有一种神奇

　　……

　　一遍一遍甜蜜回忆，春天带来真诚友谊

　　我们眼里的春天，有一种欢欣

　　……

　　这就是春天的美丽

后记 1
峥嵘岁月忆往昔

邵世坤退休后，没有沉寂在一个退休老人生活中，不甘寂寞，由他起草、其他 5 位国测一大队老队员老党员审校，共同向习总书记写了封信，叙述了 40 年前测珠峰的真实生活。习总书记很快向以他为首的 6 位老测量员写了回信。回信像个催生婆，催他挥笔写下了《远征途中》。书里段段句句字字蕴含着一个老测量员的爱党爱国爱事业的满腔热情，也让人听到了邵世坤暨主人公的"喞喞"声，

使我们这些熟知他的老战友掩卷回味，昔日野外艰苦奋斗
的场景一幕一幕浮现在眼前。

作为邵世坤的领导，我曾全力关注邵世坤的成长、成
熟、老练。今天，看到邵世坤用血写就的书，又增加了一
份感情。字里行间，他笑，我也笑；他欣慰，我也欣慰；
他哭，我也会落泪。

在和平建设时期，百业中工作艰苦的要数测量人员。
截至 20 世纪 60 年代初，西藏是无图区。在西藏剿匪期间，
解放军剿匪图纸得从测量员所测图中得到。最先进入匪区
的是测量员。在 1959 年和 1960 年两年，青藏测量大队、
新藏测量大队为剿匪测图牺牲的同志有 9 名。1960 年春末
夏初，邵世坤观测组赶到五道梁的头一个晚上，就遭到了
叛匪的袭扰，邵世坤提着卡宾枪率先钻出帐篷向叛匪还
击，打击了叛匪的嚣张气焰。为了测出地图，测量员吃的
苦更是难以尽言。一年四季，他们把天作被，地作褥，风
风沙沙苦中苦。天上起风，地起沙，顿顿饭中少不了它。
夏是冬，冬更冬，没有一天不挨冻。过过这种生活，每餐
饭里没有哪顿碗底没有沙子的。黄杏贤因冻、饿而牺牲。
当时的大地七队副大队长赵桂孝获悉，让邵世坤接手黄杏
贤没有完成的工作。他们流泪埋葬了黄杏贤。当新疆维吾

尔自治区领导看到黄杏贤用生命保护下来的资料时，情不自禁读出了声，双眼也湿润了，决定把英烈生前所测的那个点所在的山命名为"杏贤山"，让子孙万代记住英雄黄杏贤。国测一大队在五六十年代为测绘事业献身的有46名，留下姓名的仅36名，那10名像战场上的烈士，黄土掩埋了他们，多少年过去，人们却不知烈士的姓名。社会上有顺口溜："有女不嫁测量郎，日日夜夜守空房。"有的回了家，年幼儿女不识父。这就是测量员的生活真实写照。

我是从四川奉命调入测量队的。1958年夏，我负命独身闯进塔里木盆地，没料到缺水缺粮陷入绝境，幸亏遇上新疆荒地测量队，否则将会给瀚海留下一具无名尸。可是后来的吴昭璞就没有这么幸运了。那是1960年，技术员吴昭璞带领一个水准测量小组在新疆瀚海奋战，由于断水陷入了绝境。当小组找水队员返回时，只见坚守岗位的吴昭璞静静地趴在戈壁沙漠中，头朝着队员们离开的方向，他的嘴里、鼻孔里全是黄沙，双手深深地插入沙子里。几天高温的烘烤，身高一米七的他此时身躯干缩到了约莫四尺。一切仿佛在瞬间都凝固了，那一刻，日在天，又是炙热四方；沙在地，仍是煎烤一丘。没有人相信眼前是真实的场景，更没人相信自己兄弟般的战友被大自然定格为如此画面！唯有吴昭璞手腕上手表的指针还在跳动着，它仿佛在告诉我们那种忘我精神仍在延续着。在他的身后，所有的测量仪器和资料上都盖着他的工作服，在生命的最后一刻，吴昭璞仍没忘记保护好高于他生命的测量仪器和资料。墨水被喝干了，组员们的牙膏也全被吃光了，但这也无法挽回一个年轻的生命！"（摘自西安地图出版社2014年出版的《陕西测绘60年记事·英名永存》）

1965年春，我奉测绘总局局长陈外欧之命，率中队挺进甘孜地区，在临行的誓师大会上，当年的三五九旅副旅长——陈局长握着我的手说：甘孜任务完成了，我乘直升机到甘孜慰问你们，让我这个老红军也趁机重访甘孜。

确实，完成甘孜任务不容易，个个点位都在海拔4 000米以上。我一到甘孜就进了邵世坤组，先攀的山是卡瓦志热点。当地人看天气，时常见老鹰都飞不过这座一年四季都闪着银光的山。在这个点上，邵世坤分配任务，我守帐篷，临时工帅光财负责把饭送到山巅。小帅提水做饭，高寒缺氧，一桶水没提进帐篷就晕倒在半坡。于是，做饭、送水就落在我这个患有严重心脏病的人身上，应了"西蜀无大将，廖化充先锋"的老话。当我做好饭再攀登赶着一点前后把午饭送到点位上，心已跳到无序，连话也说不出了。邵组长问我："咋啦？"我手一摆，急速下山。说时迟道时快，大风骤起，乌云翻腾，雷电交加，伸手不见五指，"如席"的雪花三四十分钟就把我的双腿埋了。大约三点雪住天开，我恢复了腿劲，急忙下山。大雪把我下糊涂了：从右边上山却从左边下，到了山底，才知道错过了山腰的家。不知何时星斗漫天，我无力上山，只能坐在一个洼窝里，抬头看天，低头看雪，握着五四手枪眼睁睁等死。直到晚上9点钟，邵世坤全组人遍山喊我，我用枪声回答，战友们才把我扶上山，我才钻进暖呼呼的帐篷。邵世坤的书稿中没有记载此事，可能在邵世坤的外业经历中这是小事一桩。我曾把此遭遇写成通讯——《雪山遇险》发表在《山西晚报》上。

那一年，我不负陈局长的嘱托，哪里艰苦到哪里去。由于我们中队有邵世坤和像邵世坤一样的不畏艰险的作业组长和队员，我们中队提前一个月完成了任务，节约了不少经费。

我也在大队部工作多年，年年在测量成果质量一流中数量最多的是邵世坤小组，年年在数量多中测量成果质量一流的还是邵世坤小组，年年团结同志最好的小组在我的印象里还是邵世坤小组，因此，邵世坤小组几乎年年都是模范小组。邵世坤的战无不胜精神哪里来？用他在《露宿山巅》篇的话来说，就是"越苦的活儿，我干劲就越大"；再就是从红军、八路军身上学来的。我们的顶头上司赵桂孝就是这样的好榜样。这位抗战军人从副大队长干到大队长，冬季作业，他留当地；黄杏贤牺牲时，他就在新疆；哪个组缺粮，他就赶着毛驴去送。邵世坤观测组在大巴山—神农架—武当山作业，我跟着赵队长徒步从湖北到四川，从四川再到湖北，钻森林，进深山，过大河，一走 15 天。一次乘船触礁，我和他捡回小命，光着身子在沙滩上晒衣服，他淡定的像是在家喝茶下象棋。员工私下叫赵队长"铁人"。可这个"铁人"对员工如"亲人"。我亲眼看见这位正团级干部端着一大盆观测组成员的衣服到巫江去洗。全队数百名员工没有一个不称赞赵队长的爱员工如亲兄弟的品格。我在《光荣的司光员》篇中强烈地感受到了邵世坤本人深受着赵副队长"爱员工如亲兄弟"的影响，以及从这位老八路身上传承来的不为名不为利的我党优良作风。赵队长向来只求干不求职，对我们这些部下也是如此要求。我 1948 年参加中国人民解放军，1993 年离休还是个科员，但我没有抱怨过赵队长。《地震战线日夜长》篇有个叫"急流勇退"的版块，反映的是"文化大革命"期间邵世坤职场上跨行由高到低的地位转变；其实，最早"急流勇退"的还是我。那一时期，测绘口很多同志都在为预报地震工作着，为了把在西安地区开展的群策群力地震预报工作搞得有声有色，我搞宣传，自办、自发小报《只争朝夕》30多期。如同邵世坤在《你好，西安光学测量仪器厂》篇中反映的那样，他跨行依旧发扬光荣传统，干得很好；我转行也保持了老八路赵桂孝的精神，把中队支部书记的作风带到了新岗位：在上山下乡的岁月里，我管理4县12公社100多知青，天天步行，起早摸黑，有时饥肠辘辘，为知青的事跑来跑去，有一年竟磨穿了8双布鞋底！知青都是我的知心朋友，体会我的难处，在我管理的知青中，连一个小事故也没有发生过。1975年11月前，我趁热打铁，搬来老战友邵世坤让他为全市2 000多知青作了勇攀珠峰先进事迹报告会。会场掌声雷动，与会者备受鼓舞，对稳定知青"在广阔天地大有作为"起了无可替代的积极作用。强将手下无弱兵。赵队长带出了邵世坤，也带出了我。看邵世坤的往事，如同回顾赵队长，如同回顾我自己，如同回顾难以尽述的战友。

邵世坤的书稿是真实的，是篇篇不离"我"的散文大作，主人公对党、对祖国、对事业的感情力透纸背，值得人们逐字逐句边读边深思。但全书有些语句显得生硬，有些地方欠柔情，有些地方对景的描述未完全再现大自然之美。最大的遗憾是，邵世坤在《塔里木盆地的胡杨》等篇中对当时的赵副队长布置任务的回忆中，反映这位老军人在生产第一线紧要关头的刚毅果断的一面有余，而对其"爱员工如亲兄弟"的叙述偏少，这或许与邵世坤本人在紧要关头也直扑主题、忽略细节的军人气质有关。通俗地说，这不过是"九个指头和一个指头"的关系。通观全书，主人公邵世坤是个"仰不愧天，俯不怍人"的真正共产党员。唯愿在新时期，老红军、老八路精神能带出千千万万个邵世坤，为实现两个一百年的战略目标而奋斗。

原国家测绘总局第七大地测量队第三中队支部书记
原国家测绘总局第七大地测量队团委书记　　秦瑜①

2016 年 11 月

---

① 秦瑜同志因病不幸于 2017 年 2 月 2 日病逝，享年 85 岁。

向秦瑜同志致敬！

邵世峥退休后，没有沉寂在一个退休老人生活中，不甘寂寞，挥笔向党总书记写了封信，叙述了40年前测绘峥嵘真实生活。圆五书记之即向他和以他为首老测量员写了回信。写信像催生婆，催他挥笔写了《大地之子》这本书里段段句句字字蕴含着一个测量员在爱党爱国爱事业的溢胸热情，写就了这本书，让世人听到了他心"响咽"声，让我们感知他们同志战友捧卷回味，后味在思维中蒙回忆。昔日野外的昔日子系如你你心关，世世代代永不忘却。

《峥嵘岁月忆往昔》原稿第一自然段

后记 2
谦虚·求实·从严

　　写作的过程，总的来说就像滚雪球，能滚到今天这个规模，是邵老和我相互理解、良好沟通的产物。当然，在这里，邵老是根，是主干，我仅是枝叶而已。

　　我之所以坚持最终回归整理，首先就因为我是"枝叶"；其次是本书若联署，主人公成为联署者之一，无论第一人称还是第三人称，读起来都不顺；最后个原因是我考虑到日后媒体若转载本书里的短文章，一两千字，两人挂名，头重脚轻，确实怪怪的。我退下来，说句漂亮话，也是我用实际行动向邵老的经典人生致敬。

邵老在终审当年未来得及细审的《用生命系住的胜利》篇时，电话通知我，将"我，邵世坤，一个长在陕西的东北汉子，命运多少有点像李广，冲锋陷阵'大小70余战'，只因仗仗身先士卒，'饮食与士共之'，从来没有怕过死，所以我才没有死，沙场上，老天爷似乎也厚爱我这一款"一句（见《陕西测绘60年记事》308页，此句最终经我修改添加在《往事回忆说真爱》篇中）删去，并说"总觉得和李广写在一起不谦虚"。邵老对"我，邵世坤，一个……"之句式表达也颇不满，认为这是显摆，是个人主义。类似的例子还体现在《赤脚踏雪背柱石》篇结尾，在《陕西测绘60年记事》339页，其原话为"噢，对了，差点忘交代了，潘子平把我称个'老'，是对我工作经验和能力的认可，其实我和他同岁，那年都是30岁"。

1975年登珠峰和勘选大地原点地址以及1977年登托木尔峰，都是邵老大地测量生涯的亮点，但约来约去，老人家最终都没有写。对于前者，邵老如此反问我："喻贵银把最重要的三点（详见《大地初心·忠诚奉献一辈子》）都写清楚了，我再写还有啥意思？"对于中者，邵老认为有关文字在《记事·神州"天元"——永远的大地原点》等中已有，没必要再写。对于后者，邵老认为尚尔广先生的《悠悠岁月大地情（三）》中的有关文章写得就很好，他没有必要再写突出自己。

不想突出自己，害怕突出自己，在《大地原点联测》篇中也有鲜明反映。大地原点施测在邵老职业生涯中也是一个亮点，此阶段属于邵老业务的黄金期，他"武"承"云南东川、宁夏的石嘴山、西安地区的口镇建立的三个实验田"之勇，"文"接为"87 工程""设计的新方法"之神，确确实实是做出了重要贡献的，本有千言万语该大书特书，但老人家偏在此关节篇用简笔草草勾勒，处处凸显"光荣属于'同事'，伟大属于'集体'"。人谦虚，神仙敬，我只能从命。

懂邵老的人都知道，求实、从严、认真乃邵老的职业生涯特色。《远征途中》正文 32 篇，篇篇都万川印月般印着邵老的这一特色。下面举几个例子。

在《在向苏联老大哥学习的日子里（下）》（简称《在（下）》）篇中，我将进入舞厅一句整理为："书记陪同我们步入舞厅，周围站满了人鼓掌欢呼"送邵老审核，邵老将"呼"改回"迎"，并旁批："没有欢呼，只有热情的鼓掌"。在《难忘的艰苦岁月》篇后半部分有一场"误会戏"，我将其中一句整理为："下来后酒一醒，我即后悔当时的粗鲁。"送邵老审，邵老旁批："我根本就没有醉，后什么悔。"于是，我当下将此段改为眼下文字。在《化龙山下》蟒蛇将出的沙沙响声处，整理稿："……浑身止不住绷紧，冷汗滴滴渗出……"邵老审核时，在"冷汗滴滴渗出"处打了一个箭头，旁批："我没有出汗呀，有点害怕倒是真的。"于是，第三稿将其据实改为"有些怯阵"。

邵老当年有记日记的习惯，保存下来的笔记本为全书的真实性出了大力。如其"陕西、湖北工作区"部分的诗作和散文残篇以及《雪窝求生》《川西高原除豹》等的确切时间、地点、人物等就是从笔记本中查来的。再如《生命情义》原稿中的"海拔7 000米"，被邵老自己一审订正为"海拔6 100米"，也源于保存下来的笔记本。但由于笔记本有缺失，类似《雪窝求生》篇首引用的那样的日记和《神农架轶事·山林一天》的记述，实属少数。再者，邵老毕竟是在朝花夕拾，所以眼下书中失准现象在一些局部或细节上还是存在的，尤其是涉及川西、果洛往事的具体日期、具体地点，由于都集中在1961—1962年和1965—

1966 年 4 年间，邵老对其中的一部分记混了，无法写出具体哪一年和哪个县，甚至不排除归入《四川、青海工作区（上）》，即 1961—1962 年的个别文章，客观上属于《四川、青海工作区（下）》，即 1964—1965 年时间段，望广大读者理解。

邵老在老稿新用方面，也落实了求实、从严、认真的精神。如以当年的日记时期为准，根据汇总自己一生专集的系列性、条理性，将《陕西测绘 60 年记事·果洛—川西记事》中的子篇《摔倒犎牦牛》的故事发生时间从 1961 年订正为本书《与坤得在一起的日子》中的 1962 年。也有根据记忆再确认而修改的，如将《陕西测绘 60 年记事·用生命系住的胜利》中的"1.2 米的三角基座"改为"墩标"；如将《陕西测绘 60 年记事·藏南明月夜》中的林芝军分区参谋长的年龄自"30 出头"订正为"40 左右"等。

我也求实、从严、认真地做了些工作。《在（下）》篇中原稿有一句："有一次，我们迁站从鄱阳湖的西岸，乘船 5 个多小时，才到达鄱阳县码头。"我在"船"后，用黑体字括注了"是否机动船" 5 字送审，结果，邵老在"动"上打了一个对号。于是，第三稿我就在"船"前加了"机动"二字。此之改实质是大自然之改，通过此改，今人可以想见半个世纪前大自然的魅力，后人更可以想见当年鄱阳湖之胜状，从而发出犹如今人吟咏范公《岳阳楼记》中"衔远山，吞长江"后的长叹息。类似的工作还有《生命的情义》中的日记引用，为的是多年以后，若有人考证"甘肃省阿克赛哈萨克自治县以西、库木塔格沙漠以南的多坝沟一线"的气候，有个小小的依据。

一本求实、从严、认真的纪实作品，可以留下许多无形资产，一如求实、从严、认真的人，可以留下许多物质财富。

白　阳
2017 年初夏

后记 3
一路走来战友情

做梦也未想到能以我的事迹出一本书。在党的培养教育下，40 多年的测绘生涯中，尽管我努力地克服种种困难，较好地完成了党交给的任务，但我的业绩仅是大海里的一滴水，想来想去，也没有什么值得宣扬的，加上受到语文水平的限制，是很难写出文章的。因此，在给国测一大队有关领导交了《拉萨河畔民族情水也难吞噬我的生命》《林芝、林芝，淋漓尽致》《挺进大巴山的回忆》和

《忆在武当山的所见所闻所做》4篇文章后，就不敢提起拙笔了。不敢提起拙笔，说到底，也和我的人生哲学——向来是夹着尾巴做人有关。

此时，文友白阳老师闻讯前来为我加油鼓劲，约稿、催稿，统筹书稿，修改书稿。他几乎是节假日不休息地批改我的"作业"，包括上述4篇（修改、充实后，成为眼下的《拉萨河畔民族情》《林芝、林芝，淋漓尽致》《武当山轶事》《神农架轶事》《化龙山下》5篇），边批改，边又刨根问底掏我肚子里的故事，边增添内容，接下来又是约稿、催稿，改稿，且不断掏我肚子里的故事增添新内容，如此循环，使我深受感动。为此，我又续写下去，把原定的篇目不断突破，和白老师一起"滚雪球"。尤其是在2016年10月书稿都初定后，我在遍访老战友、请老战友看书稿、提意见的过程中，不断受到老战友的鼓励，尤其是当一些老战友看到当年自己也参与其中的往事时，个个知无不言，言无不尽，刘键、吴云华对《用生命系住的胜利》第一自然段的细节补充就是代表。战友的提笔相助，虽然都是片言只语，但确确实实减少了我记忆的差错，丰满了书稿的血肉，也大大增强了本书的客观性、真实性，使我和白阳都深受感动。于是，我又在忆往事、查阅笔记本、核对相关日记的基础上，博采广引，几次修改书稿，连带新增的序和后记，与白老师一道在删除原稿约七八千字的同时，充实进两万余字，最终"滚"出眼下这本书。用"滚雪球"形容本书完成过程，貌似轻松，实际一路走过来很不容易，如前所说，我的语文水平有限，白老师付出很大心血整理文稿，越到后期越如此，客观上参与了创作，书稿递交北理工出版社原是我和他共同署名，后来他却自己坚持回到最初的整理位置！位置、名分变了，过往的劳动变不了吧，白老师应该与我共享作者的一切。

新中国成立后，党培养出第一批测绘工作者，半个世纪以来，他们战天斗地，在那激情燃烧的岁月里，为了建设强大的祖国，克服种种困难，甚至不惜自己的生命，创造了可歌可泣的惊人业绩。我的这些战友都是值得我永远学习的榜样。我写的个人故事只是他们事迹的一小部分，实际上是一个缩影。我也想为他们所付出的艰辛劳动而欢呼，也为他们而骄傲。

由于受到文化程度的限制，我未能写出动人的故事和人生哲理，像小孩子过家家一样，在平淡地叙述我个人的回忆。故事是真实的，但从童年至今，在这个漫长的岁月里，除了童年部分以外，有些记忆模糊了，对于故事的时间、地点、人物中的一小部分，我说不清了，而我眼下所能找到的阅稿战友毕竟有限，张冠李戴的事肯定存在；再就是文中人物所言大多不是原话，但大意如此；还有一点，就是书中未括注"健在"的人物未必都已去世，只是我不知其在世与否而已，以上三者，敬请读者谅解。

本书收录了我在《陕西测绘 60 年记事》（西安地图出版社 2014 年出版）一书中的《用生命系住的胜利》《藏南明月夜》以及《果洛—川西记事》3 篇文章，其中后者的子篇多在本书修修改改独立成篇。白阳是《陕西测绘 60年记事》的特约编辑，当年这 3 篇其实也是我和他一同"滚雪球"滚出来的，所以此次将它们收录到本书一同视为他整理，也是实事求是的公平之举。此次归集收录，对这 3篇都做了修改，减少了当年仓促间留下的遗憾，因此希望日后转载上述文章以本书为准，且都标注白阳整理。同时希望日后《陕西测绘 60 年记事》若复印或再版时，将这 3 篇用本书的相对应篇目予以替换。另外，20 世纪 90 年代初我应邀为某期刊写过《雪山上的七天七夜》一文，此次出书未找到这本期刊，我与白阳合作写出眼下的同名文章。新文比老文翔实、生动。因此，我也希望日后若有人再转载

NO.
Date　·　·

粗略一遍，写得很好，很真实。值得
一读，同事或同学都注意到书写很亲切，
也很有趣。

一、黄志贤牺牲的一段加了点，他双手还捧
着仪器和资料。他爱人从广东到新疆寻葬
时还写了一段祭文刻在墓碑上，能否找到？

二、成功的男人背后总有一位贤妻在照。妻子房
瑞莲精心抚育好孩子让你安心工作，精神可
佳，可增添一点。

三、华夏会战活动气氛，但不要用提什么"五一"运动
或"头头"之类，因为大家都要考到，这样都
高兴，但把好事叙叙归，不要再提"派"了。

　　　　　　　　　　　吴云华 2017.2月

吴云华写给邵世坤的读《远征途中》书稿感言

其中提到的房瑞莲是邵世坤的妻子

《雪山上的七天七夜》，也以本书新文为准。以本书为准也是散篇服从汇总我一生的专集的需要，相同的作品用后来的专集里的，更有条理性。

本书的出版过程是漫长而艰辛的，在此过程中得到了众多战友、朋友、同事的关心、帮助和支持，如书写前期的幕后功臣毛腊梅、张海潮、陈菊菊、余新白、尚尔广等，在此我一并向他们致以最诚挚的谢意！

邵世坤

2017 年初夏